Von der Europäischen Union
zur "Europäischen Sicherheitsunion"?

Bundesakademie für Sicherheitspolitik
Schriftenreihe zur Neuen Sicherheitspolitik

Herausgegeben von
Dr. Günter Joetze

Band 15

ISBN 3-87061-624-5

Volkmar Theobald (Hrsg.)

Von der Europäischen Union zur "Europäischen Sicherheitsunion"?

Die Gemeinsame Politik der Inneren Sicherheit in der EU

BERLIN VERLAG
Arno Spitz GmbH

Die Deutsche Bibliothek - CIP-Einheitsaufnahme

Von der Europäischen Union zur "Europäischen Sicherheitsunion"? :
die gemeinsame Politik der inneren Sicherheit in der EU /
Volkmar Theobald (Hrsg.). - Berlin : Berlin Verl. A. Spitz, 1997
(Schriftenreihe zur neuen Sicherheitspolitik ; Bd. 15)
ISBN 3-87061-624-5

BERLIN VERLAG Arno Spitz GmbH
Pacelliallee 5 • 14195 Berlin

Inhaltverzeichnis

Von der Europäischen Union zur „Europäischen Sicherheitsunion"? - Die gemeinsame Politik der Inneren Sicherheit der EU

Volkmar Theobald

Mit Vollendung des Binnenmarktes und der Schaffung einer Wirtschafts- und Währungsunion wird die wirtschaftliche Integration der Gemeinschaft weitgehend abgeschlossen sein. Der freie Verkehr von Personen, Waren, Dienstleistungen und Kapital ist seiner Vollendung bereits ein gutes Stück näher gekommen.

Parallel zur fortschreitenden wirtschaftlichen Integration werden in einem freizügigen Raum ohne Binnengrenzen die Möglichkeiten für den Nationalstaat, allein die Innere Sicherheit zu konsolidieren, immer geringer. Seit Frankreich, Deutschland und die Benelux-Staaten den weitgehenden Abbau ihrer Grenzkontrollen vereinbarten, Spanien und Portugal sich anschlossen und Österreich, Italien und Griechenland nachziehen wollen, ist die Fahndung nach Verdächtigen, zumindest was die Aufgreifmöglichkeiten an den Grenzen angeht, schwieriger geworden.

Die organisierte (Wirtschafts-) Kriminalität, vor allem im Bereich des Drogenhandels, der Geldwäsche, des Kraftfahrzeugdiebstahls und des Menschenhandels, nimmt, wenn man den Polizeistatistiken glauben darf, weiter zu. Obwohl durchaus fraglich ist, inwieweit Grenzen für straff organisierte Wirtschaftskriminelle überhaupt ein großes Hindernis darstellen. Freizügigkeit jedenfalls darf nicht dazu führen, daß sich internationale Gesetzesbrecher im Bereich der Europäischen Union vollkommen frei bewegen können. Der einzelstaatliche Charakter der Instrumente der Kriminalitätsbekämpfung könnte im Widerspruch zu der effizienten internationalen Struktur der Kriminalität stehen. Eine Innenpolitik der

Gemeinschaft ist daher die logische Konsequenz, um etwaige Defizite zu beseitigen.

Im Vertrag von Maastricht wurde versucht, die Handlungsspielräume der Union im Bereich der Inneren Sicherheit zu erweitern. Er sieht, da eine Gemeinschaftskompetenz nicht gegeben ist, die Möglichkeit einer umfassenden intergouvernementalen Zusammenarbeit auf Basis des Rechtes der Mitgliedstaaten vor, die schrittweise zu einer Politik der Gemeinschaft erweitert werden soll. Zunächst soll die "Gemeinsame Innere Sicherheit" durch zwischenstaatliche Abkommen erreicht werden. Der Vertrag enthält erstmals Bestimmungen über die Zusammenarbeit in den Bereichen Justiz und Inneres, die in Art. K und K 1 präzisiert werden. Danach sind zu Angelegenheiten des gemeinsamen Interesses aller Mitgliedstaaten erklärt worden:

1. die Asylpolitik,
2. Vorschriften für das Überschreiten der Außengrenzen der EU,
3. die Einwanderungspolitik,
4. die Bekämpfung der Drogenabhängigkeit,
5. die Bekämpfung von Betrügereien im internationalen Maßstab.

Die justitielle Zusammenarbeit in

6. Zivil- und
7. Strafsachen,
8. die Zusammenarbeit im Zollwesen und
9. die polizeiliche Zusammenarbeit zur Bekämpfung des Terrorismus, des illegalen Drogenhandels und sonstiger Formen der internationalen Kriminalität.

Die Europäische Union soll nach Maastricht auf drei Säulen ruhen ("Tempelkonstruktion"): Die relativ feste und gut funktionierende erste Säule der gemeinsamen Wirtschaftspolitik auf Basis des EG-Vertrages, die auf Regierungszusammenarbeit basierende zweite Säule der Gemeinsamen Außen- und Sicherheitspolitik, deren Festigkeit zu wünschen übrig läßt und schließlich die Gemeinsame Innen- und Rechtspolitik als dritte Säule.

Über die Entwicklung einer gemeinsamen Politik der Inneren Sicherheit soll dieses Buch u.a. nähere Auskunft geben. Es umfaßt Beiträge von Wissenschaftlern, Politikern und Praktikern im Zusammenhang mit deren Vorträgen an der Bundesakademie für Sicherheitspolitik. Angesichts der mangelnden Transparenz des Maastricht-Zieles einer gemeinsamen Innenpolitik soll dieses Buch dem interessierten Leser die Möglichkeit geben, sich über die Entwicklungen der gemeinsamen Politik der Inneren Sicherheit der EU ein Bild zu verschaffen. Aber auch dem Experten könnte der Band Anregung und praktische Hilfestellung sein.

Neben der Außenpolitik gehört die Innen- und Rechtspolitik zu den klassischen Souveränitätsrechten des Staates. Dementsprechend finden im Bereich der dritten Säule die institutionellen Mechanismen der ersten Säule weitgehend keine Anwendung. Während die Grundlage der ersten Säule das vom EuGH überprüfbare und durchsetzbare Gemeinschaftsrecht ist, beruht die intergouvernemental ausgestaltete Zusammenarbeit auf dem Recht der Mitgliedstaaten. Der Erlaß europäischer Richtlinien und Verordnungen ist im Bereich der dritten Säule (bisher) nicht möglich.

Welche Fortschritte sind nunmehr erzielt worden?

Drei Jahre nach Inkrafttreten des Vertrages von Maastricht sind die Erfahrungen mit einer gemeinsamen Politik der Inneren Sicherheit auf europäischer Ebene eher zwiespältig. "Schengen" und "Europol" werden zwar als Erfolge gefeiert, verblassen aber angesichts der Defizite, die das Vertragswerk von Maastricht aufweist. Das größte Defizit bei der Umsetzung des Vertragsartikels K liegt in der Ungenauigkeit der Vertragstexte, so ist beispielsweise aus Art. K 1,4 für die Drogenbekämpfung keine genaue Kompetenzverteilung ersichtlich. Im zweiten Pfeiler, der Gemeinsamen Außen- und Sicherheitspolitik, ist die Drogenbekämpfung ebenfalls enthalten; die Abgrenzung zur dritten Säule ist unklar.

Eine genaue Zielbeschreibung fehlt, der Artikel K beschränkt sich auf eine Auflistung der Angelegenheiten von gemeinsamen Interesse, statt den *„Schwerpunkt auf die Konsolidierung eines Freiheits- und Sicherheitsraums ohne Binnengrenzen und mit Freizügigkeit zu legen"*, so die Nr. 46 des Berichtes der Reflexionsgruppe des Vertrages von Maastricht.

Weitere gravierende Mängel des Vertrages sind die fehlende demokratische Kontrolle, das Erfordernis der Einstimmigkeit,die fehlende Kontrolle durch den Europäischen Gerichtshof und die mangelnde Verbindlichkeit der beschlossenen Maßnahmen.

Der Vertrag enthält keinerlei Sanktionsmechanismen für den Fall, daß ein Mitgliedsstaat die beschlossene Kooperation verweigert. Die Zusammenarbeit in der Rechts- und Innenpolitik ist folglich von dem jeweiligen politischen Willen jedes einzelnen Mitgliedsstaates abhängig.

Nach wie vor bestehen Probleme effektiver praktischer Zusammenarbeit, die in erster Linie von den Polizeien der Länder geleistet werden muß. Eine Routineanfrage einer deutschen Polizeidienststelle in einem anderen EU-Staat beispielsweise wird zuerst beim Bundeskriminalamt ins Englische oder Französische übersetzt und an Interpol weitergeleitet. Dort erfolgt die Übersetzung in die Sprache des Empfängerlandes. Bis schließlich eine Antwort vorliegt, können Wochen vergehen.

Ein anderes Beispiel ist die in den jeweiligen Mitgliedstaaten unterschiedliche Regelung der sogenannten "Nacheile", mit der die Verfolgung von (mutmaßlichen) Tätern notfalls auch über die Grenzen hinweg möglich sein soll.

Die jeweiligen Autoren werden in ihren Beiträgen die Fortschritte auf dem Weg zu einer "europäischen Sicherheitsunion" aus ihrer Sicht würdigen, Defizite kritisch beleuchten und Möglichkeiten zu ihrer Überwindung aufzeigen.

Hermann Ziegenaus, Präsident des bayerischen Landeskriminalamtes, wird in seinem Beitrag am Beispiel Bayerns über die internationale Kriminalitätsbelastung, mit denen ein Bundesland konfrontiert ist, berichten. Auch referiert er, wie die Reaktion der Polizeibehöreden in direkter Zusammenarbeit mit den Nachbarländern aussehen kann.

Erwin Hetger, Landespolizeipräsident Baden-Württemberg, skizziert die Anforderungen, die aus seiner Sicht die Bundesländer an eine gemeinsame Innen-und Rechtspolitik der EU stellen sollten.

Eine Zusammenarbeit auch mit osteuropäischen Behörden wird längst praktiziert. Hier besteht jedoch erhebliche Unsicherheit auf westlicher Seite, welche Daten und Informationen über den Interpol-Weg weitergegeben werden können. Einen Überblick über die Zusammenarbeit mit den MOE- Staaten wird der Staatssekretär im Bundesministerium des Innern, *Prof. Dr. Kurt Schelter*, in seinem Beitrag geben. *Dr. Jan Vaculik*, Direktor der Zentrale der tschechischen Kriminalpolizei, erläutert in einem kurzen Überblick die Belastung des potentiellen EU-Mitgliedes Tschechien durch internationale Kriminalität.

Als wichtigstes Ergebnis der bisherigen Zusammenarbeit wird die Regelung der Grenzkontrollen bezeichnet. Diese erfolgt weder nach EG-Vertrag, noch im Rahmen der intergouvernementalen Zusammenarbeit nach Art. K des EU-Vertrages, sondern auf der Grundlage des Vertrages von Schengen vom 14.6.1985 in Form eines Durchführungsübereinkommens vom 19.6.1990. Dem Übereinkommen sind nicht alle Mitgliedstaaten der Europäischen Union beigetreten. Das Schengener Durchführungsübereinkommen regelt detailliert den Wegfall der Grenzkontrollen an den Binnengrenzen der Gemeinschaft, die verstärkten Kontrollen an den Außengrenzen, vor allem aber eine intensive polizeiliche Zusammenarbeit.

Die Fortschritte, die mit dem Schengener Abkommen erreicht wurden, werden vom ehemaligen Innenminister Baden-Württembergs, *Frieder Birzele* aus der Sicht eines Bundeslandes und vom Staatssekretär im Bundesministerium des Innern, *Prof. Dr. Kurt Schelter*, in seinem Überblick über die bisher erreichten Fortschritte im Bereich der Inneren Sicherheit, erläutert.

Der Maastrichter Vertrag sieht die Einrichtung einer europäischen Zentralstelle für die Kriminalpolizei vor (Europol). Gemäß der „Erklärung zur polizeilichen Zusammenarbeit" soll Europol die nationalen Strafverfolgungs-und Sicherheitsbehörden bei der Koordinierung von Ermittlungen und Fahndungen unterstützen und Informationsdateien anlegen. Gemeinsame Konzepte zur Vermeidung von Verbrechen und Maßnahmen zur Schulung und Forschung, zur Kriminaltechnik und zum Erkennungsdienst sollen entwickelt werden. Als Vorstufe zu Europol hat die „European Drugs Unit" Anfang 1994 ihre Arbeit aufgenommen. Noch arbeitet Europol eigentlich ohne Rechtsgrundlage, da nach wie vor die Ratifikation der Europol-Konvention von Juli 1995 fehlt.

Der Koordinator der Europol Drugs Unit, *Jürgen Storbeck*, stellt in seinem Beitrag die Arbeitsfähigkeit von Europol unter den derzeitigen schwierigen rechtlichen Bedingungen dar. Er erläutert außerdem, ob Fahndungs- und Ermittlungskompetenzen für diese Einrichtung angestrebt werden sollen.

Gemäß der Europol-Konvention hat zwar jeder Deutsche grundsätzlich ein Auskunftsrecht über Eintragungen über seine Person bei Europol; problematisch scheint jedoch die präventive Speicherung sensibler Daten einer Person, bevor deren Rolle in einem Kriminalfall, sei es als Opfer, Täter oder Zeuge, klar ist.

Der Landesbeauftragte für den Datenschutz in Schleswig-Holstein, *Dr. Harald Bäumler*, bewertet anhand der Beispiele „Schengen" und „Europol" die Bemühungen, datenschutzrechtliche Regeln im Rahmen der polizeilichen Zusammenarbeit zu etablieren. Auch stellt er dar, wie ein Datenschutzrechtssystem auf EU- Ebene aussehen könnte.

Mit dem Grundrechtsschutz auf europäischer Ebene sowie mit der Problematik einer internationalen Gerichtsbarkeit befaßt sich der Bundesminister der Justiz, *Prof. Dr. Edzard Schmidt-Jortzig*, in seinem Beitrag.

Eher kritisch mit den Bemühungen, die Innere Sicherheit in Europa zu konsolidieren, setzt sich *Prof. Dr. Hans-Heiner Kühne* von der Universität Trier auseinander.

Abschließend gibt *Prof. Dr. Werner Meng*, Universität Halle, einen Überblick über die Perspektiven der gemeinsamen Innen- und Rechtspolitik in der Regierungskonferenz zur Überarbeitung des Maastrichter Vertrages, die am 29. März 1996 begonnen hat.

I.

Überblick

Kooperation und Integration in der Europäischen Union im Bereich der Inneren Sicherheit

Kurt Schelter

I.

Zunächst möchte ich einen kurzen Überblick über die Ausgangslage in Deutschland und Europa geben.

Die Staaten der Europäischen Union wachsen nicht nur zu einem Raum ohne Binnengrenzen zusammen. Europa entwickelt sich - quasi als "Schattenseite" dieser wachsenden Freizügigkeit - mehr und mehr zu einem kriminalgeographisch offenen Bereich mit international organisierter Kriminalität. Durch die tiefgreifenden politischen Veränderungen in den MOE-Staaten nach dem Zusammenbruch der kommunistischen Gewaltherrschaft in Mittel- und Osteuropa und der Durchlässigkeit der bis dahin nahezu unüberwindbaren Grenzen sind Freiräume entstanden, in die neue Formen der Kriminalität hineindrängen. Ich nenne nur die Schlepper- und Schleuserkriminalität, den illegalen Rauschgift- und Waffenhandel oder die Kfz-Verschiebung. Mit dem illegalen Handel mit Nuklearmaterial sind kriminelle Bedrohungen einer ganz neuen Qualität hinzugekommen.

Grenzüberschreitende Erscheinungsformen spielen gerade bei der organisierten Kriminalität eine immer bedeutendere Rolle. Von den 787 im Jahre 1995 in der Bundesrepublik anhängigen Ermittlungsverfahren im Bereich der Organisierten Kriminalität waren zwei Drittel durch internationale Tatbegehung gekennzeichnet. Der Anteil ausländischer Tatverdächtiger hat sich von rund 59% [58,7%] in 1994 auf ca. 64% [63,6%] in 1995 weiter erhöht. Bei fast zwei Drittel [64,3%] der erkannten Tätergruppierungen wirken Tatverdächtige unterschiedlicher Nationalitäten zusammen.

Die genannten Straftaten sind ohne ein internationales Aktionsfeld gar nicht denkbar. Bei vielen Kfz-Diebstählen ist der Absatz im Ausland von vornherein eingeplant, bedeutet den wesentlichen, mit konkreten Gewinnaussichten versehenen Anreiz zur Tat. Das verbrecherische Schlepperunwesen transportiert jedes Jahr Zehntausende von betrogenen und ausgebeuteten Menschen nach Deutschland.

Das internationale Verbrechen ist nicht nur ein Sicherheitsproblem für den einzelnen Bürger, sondern wird zunehmend auch zu einem Risiko für Wirtschaft und Gesellschaft und zu einem Gefährdungspotential für die Staaten Europas selbst. Allein der von OK-Tätern verursachte Schaden belief sich den Ermittlungsergebnissen zufolge im Jahre 1995 auf über 670 Millionen DM.

Zugleich wird aber auch deutlich: Innere Sicherheit als Verbrechensbekämpfung im Inland steht in einem Spannungsverhältnis zur wachsenden Freizügigkeit in Europa und speziell in der Europäischen Union. Größtmöglicher freier Personenverkehr für den Unionsbürger im Innern setzt deshalb Ausgleichsmaßnahmen an den Außengrenzen voraus. Dabei ist klar, daß kein Land Europas den Kampf gegen die organisierte Kriminalität allein bestehen kann. Wir müssen zusammenstehen in dieser Herausforderung.

II.

Ein wichtiger Schritt hin zu einer grenzüberschreitenden Integration bei Justiz und Polizei war die Inkraftsetzung des Schengener Durchführungsübereinkommens am 26. März 1995 in Deutschland, Frankreich, Spanien, Portugal und den Benelux-Staaten. Die Attraktivität des Schengener Weges fußt auf der Doppelstrategie, Kontrollfreiheit an den Binnengrenzen und geeigneten Ausgleichsmaßnahmen. Dieser Ansatz hat sich im ersten Jahr der Geltung des Schengener Regimes bewährt.

Das Schengener Durchführungsübereinkommen von 1990 markiert den Anfang einer neuen Phase europäischer Zusammenarbeit auf dem Gebiet der Inneren Sicherheit.

Denn mit der Inkraftsetzung des Schengener Übereinkommens ist auch ein umfassendes Sicherheitspaket wirksam geworden. Dabei geht es um verstärkte Außengrenzkontrollen nach gemeinsamen Kriterien, die Angleichung der Vorschriften einer einheitlichen Einreise- und Visapolitik für Drittausländer, die Harmonisierung des Drogen- und Waffenrechts, Bestimmungen des für die Durchführung von Asylverfahren zuständigen Staates sowie Regelungen zur verstärkten polizeilichen und grenzpolizeilichen Zusammenarbeit. Weiter werden durch grenzüberschreitende Observation und Nacheile, durch justitielle Zusammenarbeit zur Erleichterung der Rechtshilfe in Strafsachen, Auslieferung sowie Übertragung der Vollstreckung von Strafurteilen der Verlust der Fahndungsmöglichkeiten an den Binnengrenzen weitgehend ausgeglichen.

Die Erfahrungen nach über zwölf Monaten praktischer Realisierung der Schengener Regelungen lassen sich für die polizeiliche Zusammenarbeit im wesentlichen in folgenden Punkten zusammenfassen:

- Freizügigkeit an den Binnengrenzen darf nicht freie Fahrt für Straftäter bedeuten. Deswegen ist es erforderlich, die Grenzgebiete besonders zu schützen.

  Der Bundesgrenzschutz bleibt daher auf Dauer im 30-km-tiefen Binnengrenzhinterland präsent, wo er ein breites Aufgabenfeld von der Überwachung und Aufklärung bis hin zum Zugriff in konkreten Gefahren- und Verdachtsfällen abdeckt, ohne systematische und ereignisunabhängige Grenzkontrollen durchzuführen. Seine besondere Aufgabe der Grenzsicherheit trifft sich mit der Länderzuständigkeit für die allgemeine Sicherheit, so daß sich eine natürliche Bündelung der Ressourcen unter Wahrung der Kompetenzen und Organisationsgliederungen anbietet.

- Die Sicherung der Außengrenzen ist eine der wichtigsten Ausgleichsmaßnahmen, die von den Schengen-Staaten unter Berücksichtigung der Interessen aller Vertragsparteien auf einheitlich hohem Niveau durchgeführt werden. Zum Schutz seiner Außengrenzen setzt Deutschland derzeit rund 17.000 Kräfte ein. Das Hauptkontingent mit 5.800 Polizeivollzugsbeamten des BGS und 4.100 Bediensteten anderer Grenzbehörden ist an den Grenzen zu Polen und der Tschechischen Republik entsprechend der besonderen Migrations- und Kriminalitätsbelastung dieses Abschnitts stationiert.

- Mit dem Schengener Informationssystem ist es gelungen, ein Netzwerk des Datenaustausches zwischen derzeit sieben nationalen Polizeisystemen zu installieren. Die Erfahrungen mit dem Betrieb des SIS können in vier Aussagen wiedergegeben werden:

- Die Nutzung des Schengener Informationssystems ist insgesamt zufriedenstellend.

- Die mit SIS erreichten Treffer belegen dessen praktische Effizienz.

- Bei der Ladung der Daten besteht bei einzelnen Staaten noch Handlungsbedarf.

- Die technische Verfügbarkeit des SIS ist mit über 97% sehr hoch. Die deutsche nationale Komponente gehört mit 99% zu den stabilsten Elementen.

  Einige Zahlen dazu: In den letzten 12 Monaten wurden fast 10.900 Treffer aufgrund deutscher Ausschreibungen in anderen Schengen-Staaten und über 1.700 in Deutschland aufgrund ausländischer Notierungen erzielt. Der Ladezustand mit rund 4 Millionen Datensätzen ist trotz einer Reihe von Verbesserungen noch differenziert. Mit 95% der Dateneinspeisung rangieren Deutschland (2,5 Millionen) und Frankreich (rd. 1,3 Millionen) weit an der Spitze. Die anderen Vertragsstaaten müssen dringend nachziehen, worauf die Bundesregierung nachdrücklich drängt.

- Im Bereich der Drogenkriminalität hat sich allerdings die Situation weiter verschärft. Gegenüber den Niederlanden, Belgien und Luxemburg nahmen die Fallzahlen von 1994 nach 1995 zum Teil besorgniserregend zu.
  Allgemein gilt: Bei Rauschgift spielen die Niederlande wegen ihrer liberalen Betäubungsmittelpolitik eine herausragende Rolle. In 81,2% aller in Deutschland erfaßten Sicherstellungsfälle mit bekannter Herkunft stammen die Drogen aus Holland. Deutschland verfolgt deswegen gemeinsam mit den anderen Schengen-Staaten

die Strategie, die grenzüberschreitenden Auswirkungen der niederländischen Haltung durch Kontroll- und Überwachungsmaßnahmen in den Grenzgebieten und intensive Zusammenarbeit einzudämmen. Der Kampf gegen den Drogentourismus bildet in der Sicherheitspolitik der Bundesregierung einen besonderen Schwerpunkt.

- Das Netz bilateraler Zusammenarbeitsvereinbarungen mit den Schengener Nachbarstaaten wird ständig enger geknüpft. Mit Luxemburg, Frankreich und den Niederlanden wurden derartige Übereinkünfte bereits abgeschlossen. Mit Belgien sind die Vertragsverhandlungen im Gange.

  Die grenzübergreifende Kommunikation soll so weitreichend wie möglich angelegt werden. Dabei bilden die gewachsenen Direktverbindungen der Länder, z.B. in Gestalt der Koordinierungsstellen, sowie die Kontaktdienststellen und Kommissariate für den BGS wichtige und ausbaubedürftige Knotenpunkte im Geflecht des grenzüberschreitenden Informationsaustausches.

Wie wird sich die Zusammenarbeit im Schengener Rahmen weiter entwickeln?

Die Zusammenarbeit der Schengen-Staaten im Polizeibereich muß durch eine vollständige Umsetzung der Bestimmungen der Übereinkommen vertieft werden.

Gleichzeitig wollen die Schengen-Staaten die Norderweiterung der Schengener Gemeinschaft aktiv vorantreiben und die fünf Staaten der Nordischen Paßunion - Dänemark, Finnland und Schweden als Mitglieder und Island und Norwegen als assoziierte Länder - baldmöglichst aufnehmen. Ab dem 01. Mai 1996 werden diese Staaten bereits als Beobachter an den Schengener Sitzungen teilnehmen.

Der Wegfall der Kontrollen an den Binnengrenzen ist und bleibt ein mutiger Schritt, der auch Risiken mit sich bringt. Aber diese Risiken sind beherrschbar, wenn alle, die Verantwortung für die Innere Sicherheit tragen, sie als Herausforderung begreifen, annehmen und danach handeln.

Das Schengener Übereinkommen ist keine Konkurrenzveranstaltung zur Zusammenarbeit im Rahmen der EU. Es soll Schrittmacherdienste für die Europäische Union leisten und möglichst bald in der EU aufgehen. Ein Beleg dafür ist, daß die Schengener Ergebnisse auch Grundlage für die Verhandlungen auf EU-Ebene zum Außengrenzabkommen, zum Europäischen Informationssystem und im Bereich der Asyl- und Visumspolitik sind. Die enge polizeiliche Kooperation mit den benachbarten Drittstaaten steigert die Qualität des Außengrenzfilters um eine weitere Facette.

Das Vertragswerk mit Polen und der Tschechischen Republik hat einen Informations- und Unterstützungsverbund geschaffen, der für die deutschen Ostgrenzen und damit für das Schengener Gebiet im ganzen entscheidende Vorteile mit sich bringt. Die rechtzeitige Unterrichtung, etwa durch Verbindungs- und Kontaktbeamte, versetzt die deutschen Stellen in einem frühen Stadium in die Lage, angemessene Abwehrmaßnahmen zu ergreifen. Die zweckgebundene finanzielle Hilfestellung Deutschlands erleichtert es Polen und der Tschechischen Republik, an ihren neuralgischen Grenzen zu den östlichen Anrainerstaaten effiziente Schutzstrukturen zu schaffen, so daß ein Teil der Zuwanderungsbewegungen und kriminellen Einwirkungen bereits dort aufgehalten wird und die Schengener Außengrenzen gar nicht erreicht. Mit der Schweiz sind die Gespräche über eine Vertiefung der Sicherheitspartnerschaft angelaufen.

III.

Mit dem Inkrafttreten des Vertrages von Maastricht zum 01. November 1993 hat auch auf EU-Ebene für die Mitgliedstaaten in den Bereichen Inneres und Justiz eine neue Phase der Zusammenarbeit begonnen.

Die bisherige informelle Kooperation der Mitgliedstaaten im Rahmen von TREVI und der sog. Einwanderungsminister wurde abgelöst durch den Rat der Innen- und Justizminister der Union. Dies hatte nicht nur eine Änderung der Gremienbezeichnung zur Folge, sondern hat auch den Charakter der Zusammenarbeit verändert.

Bei der gemeinsamen Innen- und Rechtspolitik der Gemeinschaft (dem sog. dritten Pfeiler des Maastricht-Vertrages) handelt es sich *um „Ange-*

legenheiten von gemeinsamem Interesse". Mit dieser Änderung wurde die bisherige informelle Zusammenarbeit der Mitgliedstaaten auf eine formelle Grundlage gestellt. Sie ist neben einer Gemeinsamen Wirtschafts-, Außen- und Sicherheitspolitik integraler Bestandteil der Europäischen Union und dient dem Ziel, die Mitgliedstaaten noch enger zusammenrücken zu lassen.

Die polizeiliche Zusammenarbeit zur Verhütung und Bekämpfung des Terrorismus, des illegalen Drogenhandels und sonstiger schwerwiegender Formen der internationalen Kriminalität wurde durch den Vertrag über die Europäische Union (Artikel K.1 Nr. 9 EUV) in den Bereich der Zusammenarbeit Inneres und Justiz einbezogen, die sog. intergouvermentale Zusammenarbeit der Mitgliedstaaten der Europäischen Union. Damit wurde aus Sicht der Bundesrepublik Deutschland ein erster Schritt in eine immer engere internationale Koordinierung der Zusammenarbeit der Polizeibehörden der - mittlerweile 15 - Mitgliedstaaten getan.

Auf einige wesentliche Punkte europäischer polizeilicher Kooperation möchte ich hier besonders eingehen:

- **Europol**

Ein wichtiger Baustein der polizeilichen Zusammenarbeit in Europa ist zweifellos Europol, das Europäische Polizeiamt, auf dessen Errichtung sich die Mitgliedstaaten im Juli des vergangenen Jahres geeinigt haben.
Nun gilt es, das Übereinkommen möglichst rasch umzusetzen und die Behörde Europol praktisch wirksam werden zu lassen. Hierzu bedarf es noch erheblicher Anstrengungen. Nicht nur auf europäischer Ebene, wo derzeit die für die Tätigkeitsaufnahme von Europol notwendigen Durchführungsbestimmungen zum Übereinkommen verhandelt werden, sondern auch auf nationaler Ebene. Das Bundeskriminalamt als nationale Europol-Stelle wird insoweit die Hauptlast tragen müssen. Der Aufbau der Europol-Datenverarbeitungssysteme und der Anschluß dieser Systeme an die nationalen Anwendungen wird Anforderungen stellen, die über das für das Schengener Informationssystem geleistete noch hinausgehen werden. Da Europol vorläufig eigene Ermittlungsbefugnisse nicht besitzen wird, ist die polizeiliche Informationsverarbeitung sowohl im Rahmen des Informationssystems als auch im Analysebereich von Europol das Kernstück der Arbeit dieser ersten zentralen polizeilichen Stelle auf euro-

päischer Ebene, von der wir uns im Vergleich zu der bisherigen, vorrangig bilateral angelegten Kooperation einen Mehrwert erhoffen.

Immer wieder werden Befürchtungen geäußert, die Europol eine unbegrenzte "Sammelwut" bei der Speicherung personenbezogener Daten unterstellen. Tatsächlich wird Europol insoweit keine weitergehenden Befugnisse erhalten, als sie die deutschen Polizeidienststellen bereits besitzen. Dies ist im übrigen nicht nur ein Gebot des Datenschutzes, sondern auch eine Frage der Effizienz polizeilicher Auswertearbeit. Während die Vorarbeiten zur Tätigkeitsaufnahme von Europol noch nicht abgeschlossen sind, werden von anderer Seite Zweifel laut, ob Europol ohne eigene vollzugspolizeiliche Kompetenz die z.T. hochgesteckten Erwartungen erfüllen können. Ich verstehe die Beweggründe dieser Äußerungen durchaus, plädiere aber dafür, zunächst den Arbeitsbeginn von Europol auf der Grundlage der bisher erreichten Einigung sicherzustellen. Wir dürfen nicht vergessen, daß angesichts der in Europa weiterbestehenden Souveränitätsvorbehalte der jetzt erreichte Zusammenschluß der Mitgliedstaaten zu Zwecken eines polizeilichen Informationsaustausches und der polizeilichen Auswertung und Analysen in einer gemeinsamen Behörde einen beachtlichen Fortschritt darstellt. Auch und gerade für Europa gilt, daß eine Politik der kleinen Schritte langfristig erfolgreich sein kann.

Da die grenzüberschreitende Kriminalität in Folge der politischen Umwälzungen seit Ende der 80er Jahre an den Grenzen der Europäischen Union immer weniger halt macht, müssen wir uns auch bei Europol um eine baldige und möglichst umfassende Einbeziehung der mittel- und osteuropäischen Staaten bemühen. Hier bietet das Europol-Übereinkommen auch in der Zwischenphase bis zur angestrebten Erweiterung der EU geeignete Instrumentarien.

- **Bekämpfung der Geldwäsche**

Auch eine effektive Geldwäschebekämpfung bedarf internationaler Koordination und Zusammenarbeit. Wie uns die ersten, umfangreichen Verfahren bei der Geldwäscheermittlung bestätigt haben, ist die Geldwäsche ein internationales grenzüberschreitendes Delikt. Eine wirkungsvolle Geldwäschebekämpfung bedarf deshalb internationaler Koordination und Zusammenarbeit. Dies wiederum setzt einen annähernd gleichen

Standard bei der Geldwäschebekämpfung auf internationaler Ebene voraus.

Die Mitgliedstaaten der Europäischen Union haben dieses einheitliche Niveau auf der Grundlage der Geldwäscherichtlinie inzwischen erreicht, wenn auch die Unterschiede in der nationalen Gesetzgebung, z.T. auf Grund nationaler Besonderheiten, immer noch beträchtlich sind. Ich denke etwa an die zentrale Erfassung und Verdachtsanzeigen, z.B. in Belgien und in Frankreich im Gegensatz zu der dezentralen Konstruktion, die wir in Deutschland haben.

Ob diese Aufteilung der Geldwäschebekämpfung mit den Herausforderungen durch die Kriminalität Schritt hält, werden wir sorgsam beobachten müssen. Wir treten dafür ein, daß die Geldwäscherichtlinie möglichst bald dem Stand der Technik angepaßt wird.

Außerhalb der Europäischen Union ist eine Geldwäschegesetzgebung z.T. noch nicht einmal in Ansätzen erkennbar. Besondere Sorge bereiten dabei die Staaten Mittel- und Osteuropas, in denen es, sieht man einmal von dem neuen polnischen Geldwäschebekämpfungsgesetz ab, noch keinerlei Anstrengungen zur Bekämpfung dieser Kriminalität gibt.

Es ist natürlich gänzlich unbefriedigend, wenn unsere nationale Geldwäscheprävention und Bekämpfung deswegen teilweise leerläuft, weil in unseren östlichen Nachbarländern Geldwäsche gefahrlos funktionieren kann. Hier muß Deutschland die Partner in der EU und die internationalen Organisationen für eine wirkungsvolle Angleichung der Kriminalitätsbekämpfung gewinnen. Ich halte dies für mindestens ebenso wichtig, wie die Weiterentwicklung und Verbesserung unserer nationalen Gesetzgebung.

- **Bekämpfung der Betäubungsmittelkriminalität**

Unter deutscher Präsidentschaft wurde im zweiten Halbjahr 1994 die Entwicklung eines Europäischen Drogenbekämpfungsplans initiiert. Zum einen soll sich dieser Drogenbekämpfungsplan aus einem von der Kommission vorgelegten Aktionsplan der Europäischen Union zur Drogenbekämpfung (für den Zeitraum von 1995 bis 1999) zusammensetzen, den der Rat der Innen- und Justizminister im März 1995 grundsätzlich begrüßt hat. Zum anderen wurde eine von den Mitgliedstaaten zu entwickelnde Rauschgiftbekämpfungsstrategie aufgenommen. Hierfür wurde bereits unter deutscher Ratspräsidentschaft ein Raster mit Bekämpfungsebenen beschlossen. Die Teilbereiche einer Strategie wurden im Dezember 1995 auf dem Europäischen Rat in Madrid vorgelegt.

Im Rahmen der EU-Zusammenarbeit haben es sich die Mitgliedstaaten zum Ziel gesetzt, diese gemeinsamen europäischen Bekämpfungsstrategien auf der Grundlage einer weitestmöglichen Rechtsharmonisierung zu entwickeln.

Die Staaten der Dublin-Gruppe, der neben den Mitgliedstaaten der EU die USA, Kanada, Norwegen, Japan und Australien angehören, wollen ihre Drogenpolitik wirkungsvoll abstimmen und die Zusammenarbeit mit anderen Staaten, die für den Drogenanbau oder den Drogenschmuggel eine besondere Bedeutung erlangt haben, koordinieren.

Beurteilt man die Lage auf dem Sektor des illegalen Rauschgifthandels im europäischen Raum,ist festzustellen, daß auch nach Inkraftsetzung des Schengener Durchführungsübereinkommens keine signifikante Änderung der Lage an den Außen- und Binnengrenzen des Schengener Raums festzustellen ist.

Bei der Bekämpfung des Drogenhandels innerhalb des Schengener Raumes wurden insbesondere gezielte Einsätze gegen den "Drogentourismus" vorgenommen. Neben neu eingerichteten Koordinierungsteams und Kontaktstellen haben manche Länder auch Richter bzw. Staatsanwälte als Ansprechpartner ausgetauscht. Sowohl der Straßen- als auch der Eisenbahnverkehr werden regelmäßig kontrolliert und Örtlichkeiten, an denen erfahrungsgemäß Betäubungsmittelverkehr stattfindet, werden von allen Vertragsparteien ständig überwacht.

Trotz aller Erfolge müssen die Maßnahmen zur Bekämpfung des Drogenhandels allerdings noch verstärkt werden. Beispielsweise sind - um nur zwei Zahlen zu nennen - in der Bundesrepublik Deutschland im Jahr 1995 rund 930 kg Heroin und etwa 1.850 kg Kokain beschlagnahmt worden. Die Sicherstellungsmengen sprechen für eine wachsende Nachfrage nach synthetischen Drogen.

Die sich verändernden Strategien der international agierenden Drogenkartelle erfordern flexible Bekämpfungsansätze der Vertragsparteien. Das gilt insbesondere für Kontroll- und Überwachungsmaßnahmen an den Außengrenzen zur Verhinderung des weiter ansteigenden Zustroms von Rauschgiften aller Art aus Drittländern sowie für die Verhinderung der Herstellung synthetischer Drogen innerhalb des Schengener Raumes. Daneben bedarf es aber einer noch weiter verstärkten, koordinierten Zusammenarbeit der Strafverfolgungsbehörden der Partnerstaaten sowie einer verbesserten Umsetzung bereits beschlossener einzelstaatlicher Maßnahmen.

- **Terrorismusbekämpfung**

Ein Wort zur Terrorismusbekämpfung. In den letzten Jahren geht die terroristische Bedrohung, der sich unser Land ausgesetzt sieht, zunehmend von ausländischen Gruppierungen aus. Jedem sind die Aktivitäten der kurdischen Arbeiterpartei PKK oder die von bestimmten Staaten des Nahen Ostens ausgehenden terroristischen Aktionen lebhaft vor Augen. Daneben sind die Gefahren abzuwehren, die von den nationalen terroristischen/extremistischen Gruppen ausgehen, wie insbesondere den "Antiimperialistischen Zellen", die sich selbst in der Tradition der "Roten Armee Fraktion (RAF)" sehen oder den Gruppen K.O.M.I.T.E.E und K.O.L.L.E.K.T.I.V. Darüber hinaus geht ein Großteil der in Deutschland verübten linksextremistisch motivierten Gewalttaten auf das Konto von Personen, die sich selbst als Autonome bezeichnen.

Bei der Bekämpfung dieser politisch motivierten Gewalt spielt die internationale Zusammenarbeit schon seit langer Zeit eine wichtige Rolle. Im Jahre 1976 war der Kampf gegen den Terror auslösendes Element für die Einrichtung der von mir bereits erwähnten "TREVI"-Kooperation, bei der in informellem Rahmen die für die Innere Sicherheit der EU-Staaten Zuständigen regelmäßig über Zusammenarbeitsmöglichkeiten berieten. Diese bewährte Kooperation wurde mit Inkrafttreten des Maastrichter Vertrages über die Europäische Union in deren institutionellen Rahmen überführt, wobei der Charakter als intergouvernementale Zusammenarbeit ausdrücklich beibehalten wurde. Seitdem erörtert die EU-Arbeitsgruppe Terrorismus bei regelmäßigen Treffen sowohl auf der politischen als auch auf der operativen Ebene gemeinsam interessierende Fragen. Im Bereich der zweiten Säule (Gemeinsame Außen- und Sicherheitspolitik -

GASP -) ist ein weiteres ständiges Gremium angesiedelt, welches sich mit Fragen des internationalen Terrorismus beschäftigt. Ergänzt wird diese Zusammenarbeit durch regelmäßige Treffen der "Polizeichefs" (Police Working Group) sowie bi- und multilaterale Vereinbarungen, die sich auch auf die Terrorismusbekämpfung beziehen.

Während die bisher erwähnten Kooperationen vorwiegend die Staaten Europas und insbesondere die Nachbarstaaten Deutschlands umfassen, behandeln in jüngerer Zeit auch die Staaten der G7/P 8-Gruppe, der neben den europäischen Ländern Großbritannien, Italien, Frankreich und Deutschland auch unsere überseeischen Partner USA, Kanada und Japan, neuerdings auch Rußland angehören, zunehmend ebenfalls Fragen einer engeren Kooperation bei der Terrorismusbekämpfung.

Auch bei diesem wichtigen Kriminalitätsbereich, der ein erhebliches Gefährungspotential für die Innere Sicherheit unseres Landes darstellt, ist internationale Zusammenarbeit unabdingbar. Es muß allerdings darauf geachtet werden, daß nicht durch eine Vielzahl von Gremien die Ressourcen zu sehr zersplittert werden. Hier ist es Politik der Bundesregierung, Aktivitäten zu bündeln und zu möglichst effektiver Kooperation zu kommen.

- **Zusammenarbeit mit den Staaten Mittel-, Ost- und Südosteuropas**

Ein weiterer Schwerpunkt der Interessen der Bundesrepublik Deutschland im Bereich der Innenpolitik ist die Entwicklung einer Zusammenarbeitsstrategie mit den Staaten Mittel-, Ost- und Südosteuropas.

Am 08. September 1994 kamen in Berlin die Innen- und Justizminister der Staaten der Europäischen Union sowie der Beitrittsstaaten mit Vertretern verschiedener mittel- und osteuropäischer Staaten (Bulgarien, Polen, Rumänien, Tschechische und Slowakische Republik, Ungarn) unter der Beteiligung der Kommission zusammen. Die Teilnehmer vereinbarten eine regelmäßige Unterrichtung über Fragen der Zusammenarbeit in den Bereichen Inneres und Justiz. Sie beauftragten ferner die Experten, Vorschläge zur Intensivierung der Zusammenarbeit bei der Bekämpfung besonders schwerwiegender Kriminalitätsformen, wie z.B. die illegale Herstellung und der Handel mit Rauschgiften und psychotropen Stoffen,

Kriminalität im Zusammenhang mit radioaktiven und nuklearen Substanzen, Menschenhandel, Schleuserkriminalität, Kraftfahrzeugverschiebung und Geldwäsche, auszuarbeiten.

Aufgrund der in Berlin verabschiedeten Erklärung wurde ein Bündel von kurzfristig realisierbaren Maßnahmen beschlossen, die jetzt einer Umsetzung zugeführt werden müssen. Die Maßnahmen sollen im Bereich der operativen Zusammenarbeit, des verbesserten Informationsaustauschs, der Ausstattungs- und Ausbildungshilfe und der beschleunigten Entsendung von Verbindungsbeamten getroffen werden. Daneben wurde ein Rahmen für eine umfassende Zusammenarbeitsstrategie verabschiedet, die nunmehr im einzelnen von den EU-Arbeitsgruppen ausgearbeitet werden muß.

An dieser Stelle möchte ich noch einige Bemerkungen zu dem wichtigen Bereich der polizeilichen Ausstattungs- und Ausbildungshilfe für die MOE-Staaten anfügen.

Die Unterstützung der Strafverfolgungsbehörden der MOE-Staaten hat ganz entscheidenden Einfluß auf die Sicherheitslage innerhalb der Europäischen Union. Nur wenn es in Mittel- und Osteuropa gelingt, die Kriminalität maßgeblich zu bekämpfen, werden wir auch in Deutschland und Europa die internationale Kriminalität wirkungsvoll eindämmen können. Der Erfolg läßt sich nur gemeinsam erzielen. Hierzu leistet die Beratungs-, Ausstattungs- und Ausbildungshilfe einen entscheidenden und durchaus eigennützigen Beitrag. Die Bundesrepublik Deutschland hat im Ausstattungshilfeprogramm für den Zeitraum 1992 - 1994 für die Ausstattungshilfe in den MOE-Staaten 30,3 Mio. DM verausgabt. Dies war knapp die Hälfte der weltweit beim Bund zur Verfügung stehenden Mittel. Auch im Rahmen dieses Hilfeleistungsprogramms spielt die Frage der Koordinierung mit anderen Geberländern eine ganz entscheidende Rolle. So wurde auf deutsche Initiative hin bereits 1992 beim Suchtstoffkontrollprogramm der Vereinten Nationen (UNDCP) eine weltweite Koordinierungsstelle für MOE-Hilfeleistungen im Rauschgiftbereich eingerichtet. Es wird nunmehr darauf ankommen, die Koordinierung auch auf andere Hilfeleistungen, z.B. im Rahmen der organisierten Kriminalität, insbesondere innerhalb der Europäischen Union zu erstrecken. Das wird einer der wichtigen Arbeitspunkte der EU-Arbeitsgruppen sein müssen.

Mit Blick auf Ost- und Mitteleuropa stellt sich die Frage, ob nicht auch die Organisation für Sicherheit und Zusammenarbeit in Europa (OSZE) genutzt werden kann, um die Kooperation im Bereich der Verbrechensbekämpfung voranzubringen. Angesichts der qualitativ neuen Gefährdung, die von der internationalen organisierten Kriminalität für die Staaten Europas ausgeht, wäre es naheliegend, diese Einrichtung auch mit Fragen der Inneren Sicherheit zu befassen. Dies würde die unbedingt erforderliche Einbindung der USA ermöglichen.

- **Aus- und Fortbildung, Informationsaustausch und Polizeitechnik**

Im Rahmen der *Aus- und Fortbildung* im nationalen Bereich sollten gesamteuropäische Aspekte in die nationalen Ausbildungskonzepte eingearbeitet werden. Aus deutscher Sicht wäre es wünschenswert, darüber hinaus insbesondere bei der Ausbildung von Polizeibeamten des höheren Dienstes enger zusammenzuarbeiten. Dabei sollte die Möglichkeit der Öffnung nationaler Programme auch für andere europäische Länder, z.B. für die mittel- und osteuropäischen Staaten, die auf diese Weise an den Ausbildungsstandard der europäischen Mitgliedstaaten herangeführt werden könnten, erwogen werden.

Die Thematik "Rassismus und Fremdenfeindlichkeit", deren Bekämpfung auch im Rahmen der EU ein hoher Stellenwert beigemessen wird, ist bereits Teil des Lehrinhaltes der Polizeischulen und -akademien aller Mitgliedstaaten. Zusätzlich werden nationale und internationale Seminare veranstaltet.

Ein weiteres wesentliches Feld der Kooperation und Integration im Bereich der Inneren Sicherheit ist die polizeiliche Zusammenarbeit, anlaßbezogen, zu internationalen sportlichen Großveranstaltungen und bei Demonstrationen und Versammlungen mit länderübergreifender Beteiligung. Hierbei haben wir in einer Zeit der vermehrten Bereitschaft zur Gewaltausübung erreicht, daß nicht nur im Zusammenhang mit der Begehung typischer krimineller Delikte, sondern eben gerade auch zu den oben genannten Anläßen durch einen zielgerichteten *Informationsaustausch* sowohl innerhalb der europäischen Mitgliedstaaten als auch mit den mittel- und osteuropäischen Ländern auf der operationellen Ebene eine bessere Einsatzplanung ermöglicht wurde. Diese Kooperation muß ausgebaut und optimiert werden, insbesondere durch:

- gemeinsame Standards für die Abnahme von Sportanlagen;
- Sicherheitszertifikate;
- Einrichtung einer zentralen Stelle auf nationaler Ebene zum Austausch und zur Analyse von Informationen anläßlich von Sportveranstaltungen.

Es versteht sich von selbst, daß dazu eine europaweite *Harmonisierung im polizeitechnischen Bereich* erforderlich ist. Hierzu gehört die Einführung eines digitalen Funk- und Kommunikationssystems der Behörden und Organisationen mit Sicherheitsaufgaben. Stichworte hierbei sind:

- Erweiterung der in den Grenzregionen benutzten Frequenzbänder;
- Einrichtung gemeinsamer Telekommunikationsverbindungen;
- Koordinierung der Programme für den Erwerb von Kommunikationsgeräten mit dem Ziel genormter und kompatibler Kommunikationssysteme.

IV.

Lassen Sie mich nun einen kurzen Ausblick auf die Ende März begonnene Regierungskonferenz 1996 geben und unsere Ziele skizzieren:

Die Gemeinsame Innen- und Justizpolitik ist seit gut zwei Jahren integraler Bestandteil der Europäischen Union. Diese Zeit reicht jedoch nicht aus, um schon abschließende Erkenntnisse aus der Zusammenarbeit der Mitgliedstaaten in diesem Bereich zu ziehen. Für die Revisionskonferenz bedeutet dies, daß sehr sorgfältig zu prüfen ist, wo Veränderungen der Maastrichter Verträge nötig und wo sie möglich sind.

Zwischen den Mitgliedstaaten bestehen deutliche Unterschiede in der Beurteilung der Notwendigkeit gemeinschaftlichen Handelns oder einer engeren Zusammenarbeit sowie eines abgestimmten Verhaltens. Alle Überlegungen etwa über eine Fortentwicklung des Vertrages an dieser oder jenen Stelle, über eine Verbesserung des rechtlichen Instrumentariums, einer Stärkung des Europäischen Parlamentes erscheinen zwar wichtig und bedürfen sorgfältiger Prüfung. Ausgangspunkt und Grundlage muß jedoch die Frage sein, welches die gemeinsamen grundlegenden und übergreifenden Vorstellungen der Mitgliedstaaten der EU über Zielsetzungen und Aufgaben der innen- und justizpolitischen Zusammenarbeit sind. Es ist nicht sinnvoll, beispielsweise Verhandlungen über die Vergemeinschaftung bestimmter Bereiche zu führen, wenn einzelne Mitgliedstaaten noch nicht einmal bereit sind, die bestehenden Handlungs- und Gestaltungsmöglichkeiten im Rahmen der Regierungszusammenarbeit auszuschöpfen.

Aus Sicht der Bundesregierung ist in diesem Zusammenhang festzuhalten, daß auf dem Weg zu einem Europa ohne Grenzen der in Maastricht entstandene Rückstand bei der politischen Union gegenüber der Wirtschafts- und Währungsunion soweit wie möglich aufzuholen und auszugleichen sein wird. Ausgangspunkt und Grundlage muß hierfür die Frage sein, welches die gemeinsamen grundlegenden und übergreifenden Vorstellungen der Mitgliedstaaten der EU über Zielsetzungen und Aufgaben der innen- und jusitzpolitischen Zusammenarbeit sind. Jedenfalls wächst die Einsicht, daß eine Wirtschafts- und Währungsunion ohne eine "minimale" politische Union in ihrem Bestand höchst gefährdet wäre, denn in der Bevölkerung wird es nur dann Zustimmung für die Wirtschafts- und Währungsunion geben, wenn gleichzeitig deutlich wird, daß die Europäische Union in den wesentlichen Bereichen der Äußeren und Inneren Sicherheit tatsächliche und wirksame Integrationsfortschritte erzielt.

Die Revisionskonferenz wird die vorhandene Struktur der Europäischen Union als Staatenverbund fortzuschreiben haben. Für den qualitativen Fortschritt zum Europäischen Bundesstaat ist die Zeit (noch) nicht reif. Die Mitgliedstaaten bleiben nicht nur Herren der Verträge, sondern ihrer Souveränität ist in so wichtigen Fragen, wie denen von Polizei, Asyl und Zuwanderung, vor allem bei den Entscheidungsmodalitäten in der Europäischen Union Rechnung zu tragen.

Die Materien der Zusammenarbeit in den Bereichen Inneres und Justiz, insbesondere die polizeiliche Zusammenarbeit, stellen die höchsten Anforderungen an die Integrationsbereitschaft der Mitgliedstaaten; für viele Mitgliedstaaten stellen sich hier Fragen, die zum Kernbereich ihrer nationalen Souveränität zählen.

Aber der Problemdruck in diesen Bereichen und die Erwartungen unserer Bürger sind so groß geworden, daß wir zu gemeinsamen Lösungen kommen müssen. Die Bundesregierung ist dazu bereit.

Abgesehen von der Asyl- und Visapolitik kommt eine Vergemeinschaftung weiterer Themen des dritten Pfeilers derzeit nicht in Betracht. Nach der jetzigen Regelung des Maastricht-Vertrages ist es Sache der Mitgliedstaaten, im Bereich der innenpolitischen Zusammenarbeit initiativ zu werden. Diese Beschränkung ist für den Bereich der polizeilichen Zusammenarbeit nicht zwingend. Hier wäre eine Ergänzung dahingehend denkbar, daß ein Initiativrecht der Kommission neben dem der Mitgliedstaaten vorgesehen wird. Dadurch würde die Rolle der Kommission als Mittler zwischen den Interessen der Mitgliedstaaten gestärkt.

Die Revisionskonferenz des Maastrichter Vertrages 1996 wird für alle Beteiligten die Möglichkeit eröffnen, auf einem Weg in ein Europa ohne Grenzen die Anforderungen an eine gemeinsame Innen- und Rechtspolitik zu erörtern und gemeinsame Lösungen für dieses Spannungsverhältnis innerer Freizügigkeit und innerer Sicherheit zu entwickeln. Ein vorrangiges Ziel der Revisionskonferenz ist es, die Handlungsmöglichkeiten der EU im Bereich der Innenpolitik zu verstärken und verfahrensmäßig so weit wie möglich zu erleichtern. Für die Bekämpfung der grenzüberschreitend organisierten Kriminalität und für eine wirkungsvolle Asyl- und Flüchtlingspolitik ist der nationale Rahmen zu klein geworden. Das ist beinahe unsere tägliche Erfahrung. Die Bundesregierung wird daher auch weiterhin an der Entwicklung neuer Lösungen konstruktiv mitarbeiten. Das können die Bürger Europas zu Recht von uns verlangen.

Die Bekämpfung von internationaler Kriminalität und Drogenabhängigkeit als gemeinsames Interesse der Unionsstaaten

Hans-Heiner Kühne

1. Einführung

Die Frage, ob denn ein Interesse an der Bekämpfung von Kriminalität bestehe, wird allerorts leicht und schnell bestätigend beantwortet. Das Feld ist politisch sehr hoch besetzt. Alle also haben dieses Interesse. Allerdings jeder nur für sich. Bei der Gemeinschaftlichkeit dieses Unternehmens macht offenbar ein nationalstaatliches Souveränitätsempfinden Schwierigkeiten, weshalb nach langer Zeit Europa sich nun endlich mit Hilfe der sog. dritten Säule an diese Probleme mit äußerster Vorsicht herangepirscht hat.

2. Gegenstände der Zusammenarbeit

Nach Art. K EUV ist im Bereich des Strafrechts ein Gegenstand der Zusammenarbeit die internationale Kriminalität.

2.1 Erscheinungsformen der internationalen Kriminalität

Werfen wir zunächst einen Blick auf den Gegenstand: Was ist internationale Kriminalität? Nach Art. K.1. Nr.9 EUV fallen darunter Terrorismus, Drogenhandel und sonst schwerwiegende Formen von internationaler Kriminalität- was immer letzteres auch sein mag. Wenn wir zur Klärung dieser Unschärfe im StGB suchen, finden wir in § 6 eine Beschreibung von internationaler Kriminalität, d.h. einer Kriminalität, die unabhängig von Tatort, Täter und Nationalität des Opfers überall zu verfolgen ist.

Schauen wir uns die inhaltliche Beschreibung an und prüfen, welche kriminalstatistische Bedeutung sie hat.[1]

Nr. 1 der Aufzählung betrifft den §°6 StGB den Völkermord (§ 220a StGB). Kriminalstatistisch haben wir da keine Fälle in den letzten Jahren. Es folgt als Nr. 2 der Umgang mit Kernbrennstoffen (§§ 310b - 311e StGB), da haben wir einige hundert Fälle pro Jahr, Tendenz wohl neuerlich steigend. In diesem Bereich waren es - die letzten Angaben datieren von 1993, die Zahlen von 1994 sind gerade noch in der Bearbeitung - 512 Fälle. In Anbetracht einer Gesamtzahl von bekannt gewordenen Delikten in Deutschland im selben Jahr von 6,75 Millionen, eine absolute quantité négligeable, wenngleich das Gefährdungspotential jeder Einzeltat überaus hoch ist. Bei einer allgemeinen Aufklärungsquote 1993 von rund 43 % haben wir im Bereich der Atomkriminalität eine Aufklärungsquote von 61,7 % .

Die Angriffe auf Luft- und Seeverkehr, in § 6 als Nr. 3 aufgezählt, haben zahlenmäßig keinerlei Bedeutung; wenn solche Taten in der PKS erscheinen, dann in einstelligen Größen.

Dann gibt es als Nr. 4 den Menschenhandel, wo wir 1993 517 Fälle hatten, wovon 95 % aufgeklärt wurden. Als Nr. 6 finden wir die Pornographie, die gewaltverherrlichende Pornographie und Pornographie mit Kindern, mit rund 1000 Fällen, von denen 87 % aufgeklärt wurden. Hier ist allerdings mit einem hohen Dunkelfeld zu rechnen. Mit den Geldfälschungsdelikten, gemäß Nr. 7 kommen wir schon in etwas größere Zahlenbereiche: 2360 Fälle, die zu 100 % aufgeklärt wurden. Und schließlich der Subventionsbetrug, § 264 StGB, der uns im Rahmen von Europa besonders interessiert; Subventionsbetrug, der insbesondere auch strafbar ist, soweit nicht-deutsche Vermögenswerte betroffen sind.[2] Hier haben wir 1284 Fälle, von denen 96 % aufgeklärt wurden. Auch hier spricht vieles für ein großes Dunkelfeld.

Der in dieser Aufzählung noch fehlende Vertrieb von illegalen Drogen, § 6 Nr. 5 StGB, inhaltsgleich mit der Erwähnung in Art. K 1 Nr.9 EUV, kennt als einzige Kategorie dieser übernationalen Kriminalität größere

---

1 Die im folgenden verwendeten Daten sind der PKS 1993 entnommen.

2 § 264 Abs. 6 StGB.

Fallzahlen. Etwas mehr als 37.000 Fälle waren es 1993, die zu knapp 97 % aufgeklärt wurden.

Es bleibt der Terrorismus. Hier haben wir nicht nur definitorische Probleme, da sich diese Taten in unterschiedlichen Tatbeständen des StGB wie Raub, Geiselnahme und Tötung manifestieren, ohne daß es eindeutige Kriterien gibt, die eine klare Unterscheidung zwischen solchen Delikten als Ausdruck allgemeiner oder aber terroristischer Kriminalität ermöglichen könnten.[3] Überdies sind die diesbezüglichen kriminalitätsstatistischen Daten weitestgehend unpubliziert.

2.2 Aufklärungsrate und Dunkelziffer der internationalen Kriminalität

Was die erstaunliche Höhe der Aufklärungsquote in diesem Bereich angeht, ist darauf hinzuweisen, daß es sich hier weitgehend um eine Kriminalität handelt, die, wenn sie denn zur Kenntnis der Ermittlungsorgane kommt, zugleich den Täter mitliefert. Wenn Falschgeld auftaucht, gibt es auch meistens einen Verdächtigen - nämlich den, der es als letzter in der Hand gehabt hat. Beim Menschenhandel ist es ähnlich, bei der Pornographie ebenso. Beim § 264 StGB gilt dies vermehrt, denn dort ist ja der Antragsteller bekannt, der dann entweder selbst Täter oder aber der Begünstigte ist.

Wir können also vermuten, daß die Aussagekraft dieser statistischen Daten, was ihre tatsächliche Relevanz angeht, gering ist.[4] Hier haben wir es mit Delikten zu tun, die spezifisch eine hohe Dunkelfeldbelastung oder die Vermutung für eine hohe Dunkelfeldbelastung haben[5], wohingegen das bei anderen Delikten mit geringer Aufklärungsquote anders ist. Etwa im Bereich des Diebstahls, wo wir zwar eine ganz geringe Aufklärungs-

---

3 So auch: *Eisenberg*, Kriminologie, 3.Aufl. 1990, § 17 Rdnr.7 bzw. § 20 Rdnr.10; zur Definitionsproblematik vgl.: *Schwind*, Kriminologie, 5.Aufl. 1993, § 24 Rdnr.4 f m.w.N.

4 Vgl.: *Kühne*, Kriminalität und Kriminalitätsbekämpfung in einem Europa ohne Grenzen, in: *Mainzer Runde*, 1992, S.3 f; *Schneider*, Kriminologie, 1987, S.172 ff; *Schwind*, a.a.O., § 2 Rdnr.2 ff; Eisenberg a.a.O., § 17 V.

5 Vgl.: *Kühne* a.a.O.; *Schneider* a.a.O, S. 213; bzgl. der Wirtschaftskriminalität siehe auch *Eisenberg* a.a.O., § 44 Rdnr. 6.

quote (48% beim einfachen, 24 % beim Diebstahl unter erschwerenden Umständen) aber auch ein sehr geringes Dunkelfeld, zumindest bei den Diebstählen, die sich außerhalb der Bagatellgrenzen bewegen, haben.[6]

Im Drogenbereich, und zwar beim Vertrieb von Drogen, denn nur darauf bezieht sich der Maastrichter Vertrag, haben wir immerhin 1993 über 37000 Fälle gehabt (Handel und Schmuggel), von denen knapp 95 % aufgeklärt wurden. Auch hier ist es nicht verwunderlich, daß wir eine so hohe Aufklärungsquote haben, denn Drogenkriminalität ist eine reine Holkriminalität:[7] Nicht das Opfer kommt und beschwert sich, wie beim Raub oder Notzucht, bei Körperverletzung u.ä. oder auch bei Schädigung durch Vermögensdelikte, sondern die Polizei geht in die Szene in Ermangelung von Personen, die sich als Opfer fühlen und die Polizei informieren. Dies erklärt zweierlei: einmal die fast vollständige Übereinstimmung von bekanntgewordenen und aufgeklärten Fällen. Zum anderen den Umstand, daß diese Zahlen nicht Kriminalitätsaufkommen, sondern polizeiliche Verfolgungsintensität dokumentieren.[8]

Nach alledem haben wir es bei der internationalen Kriminalität mit Phänomenen zu tun, die kriminalstatistisch keine, bzw. nur eine sehr kleine Rolle (Drogenhandel) spielen. Gleichwohl darf nicht verkannt werden, daß es sich überwiegend um Deliktsarten handelt, die intensiv geächtet sind und ein hohes Gefährlichkeitspotential haben.

Was bedeutet aber in diesem Zusammenhang die organisierte Kriminalität, die in der rechtspolitischen Debatte Deutschlands weitgehend Diskussion und legislatorische Initiativen beherrscht hat?[9]

---

6 Siehe hierzu die Zusammenfassung der verschiedenen Dunkelfeldforschungen in Göttingen, Bochum und Solingen bei: *Schwind* a.a.O., § 2 Rdnr. 48.

7 *Kühne* a.a.O., S. 4; *Ammer*, Kriminalität in Landau, 1990, S. 102.

8 So auch: *Kühne* a.a.O., S. 4 und 9; *Kreuzer*, Kriminelle Karrieren der Süchtigen, in: *Deutsche Kriminologische Gesellschaft* (Hrsg.): Kriminologische Probleme des Alkohol- und Drogenmißbrauchs, Heidelberg 1982, S. 43 (44); *Hund*, Von der Repression zur Legalisierung, *ZRP* 1993, S. 213 (217).

9 Genannt seien hier nur das OrgKG vom 15.07.1992, das Geldwäschegesetz vom 25.10.1993 und das Verbrechensbekämpfungsgesetz vom 28.10. 1994.

Zunächst einmal bezieht sich der Begriff der OK nicht auf bestimmte Deliktsformen, sondern auf den strukturellen Hintergrund, vor dem verschiedenste Delikte begangen werden. Nach geläufiger, wenngleich im Detail nicht unbestrittener Definition muß es sich um eine hierarchisch mehrstufig gegliederte Organisation handeln, die bei ihrem Streben nach wirtschaftlichem Gewinn und politischem Einfluß illegale Mittel, Gewalt und Erpressung benutzt.[10]

Die Kriminologie kennt spätestens seit der Studie von *Sutherland* im Jahre 1949[11] das Phänomen des organisierten Verbrechens, insbesondere im Bereich der Wirtschaftskriminalität. Vorher haben wir es im Bereich der Drogenkriminalität in Zeiten der Prohibition in Amerika kennengelernt, denn da ist das, was wir heute organisierte Kriminalität nennen, entstanden.[12] Also, alles andere als ein neues Phänomen.

Jeder, der sich mit Wirtschaftskriminalität beschäftigt hat, weiß, daß jede Wirtschaftsform auch ihre kriminellen Aspekte hat, und da die Organisationsformen dann gleich sind, haben wir es dann potentiell mit organisierter Kriminalität zu tun. Denn es sind bestenfalls die Mittel, die normales Wirtschaftshandeln von kriminellem Wirtschaftshandeln unterscheiden, und je differenzierter das ist, was wir organisierte Kriminalität nennen, desto weniger sind auch die Mittel die typischen des organisierten Verbrechens, nämlich Gewalt und Erpressung. Jede organisierte Kriminalität - auch das wissen wir - wächst in die Legalität[13] und wirkt dann staatstragend, weil es die Nachdrängenden natürlich klein halten will aus Gründen der wirtschaftlichen und faktischen Machterhaltung[14], und die Sicherung eigener Rechtsgüter durch den Staat billiger ist als der

10 Vgl.: *Kaiser*, Kriminologie, Ein Lehrbuch, 2. Aufl. 1988, § 42 Rdnr. 61; Schwind aaO, § 24 Rdnr. 3 ff; sowie Nr. 2.1 der Gemeinsamen Richtlinie der Justizminister/-senatoren und der Innenminister/-senatoren der Länder über die Zusammenarbeit von StA und Polizei bei der Verfolgung der Organisierten Kriminalität.

11 *Sutherland*, White Collar Crime, 1. Aufl. 1949.

12 Vgl. hierzu: *Bögel*, Strukturen und Systemanalyse der Organisierten Kriminalität in Deutschland, 1994, S. 16 ff.

13 Vgl. hierzu allgemein: Positionspapier der niedersächsischen IHK zur Organisierten Kriminalität, in: *Krim* 1995, S. 311; lehrreich auch: *Sieber/ Bögel*, Logistik der Organisierten Kriminalität, 1993, S. 281 ff.

14 Vgl.: *Schneider* a.a.O. (FN 4), S. 47 und 49.

- u.U. auch illegale - Selbstschutz. Insofern wird das Phänomen der organisierten Kriminalität eine gewisse Schimäre, ein unscharfes Übergangsstadium bleiben. Wir haben sie, wir werden aber nie die Möglichkeit haben, sie wirklich kategorisch zu unterscheiden vom tatsächlich üblichen Verhalten wirtschaftlicher Organisationen.

Es gibt natürlich das schöne Beispiel der Drogenkartelle, die uns als der Prototyp des organisierten Verbrechens erscheinen. Aber auch hier messen wir mit der falschen Latte. Denn dort, wo sie existieren, sind sie gleichsam staatstragend, sonst wären sie auch nicht so groß geworden. In Südamerika und Mexiko wie auch in Südostasien funktioniert der ganze Drogenhandel meist nur deshalb, weil es keine Alternative für einen großen Teil der Bevölkerung gibt, um für das eigene Überleben zu sorgen.[15] Die Regierungen müssen in Ermangelung anderer finanzieller oder sonstiger Möglichkeiten den Drogenhandel dulden oder gar stützen, weil sie sonst diese großen Teile der Bevölkerung als revolutionäres Potential fürchten müßten.[16] Entsprechend halbherzig fällt die Bekämpfung aus.

Lediglich im Bereich traditioneller Kriminalität finden wir neuerdings wieder richtige Banden, die wegen ihres hohen Strukturgrades und ihrer eindeutig kriminellen Mittel *und* Ziele leichter unter den Begriff der OK zu subsumieren sind. Ein gutes Beispiel hierfür sind die Kfz-Verschieber, die meistens aus den östlichen Ländern Europas heraus agieren.[17] Nur beiläufig sei angemerkt, daß auch hier Tatgelegenheitsstrukturen als wirtschaftliche Erwägungen wie bei jedem anderen legalen wie illegalen Wirtschaftsverhalten prägend wirken. Nach unerhörtem Aufschwung solch' organisierten Diebstahls von Nobel-Autos in Folge des Wegfalls des „Eisernen Vorhangs“ ließ die Einführung elektronischer Wegfahrsperren diese Kriminalität fast ebenso drastisch wieder abfallen.[18]

---

15 Ausführlich: *Thamm*, Drogenfreigabe - Kapitulation oder Ausweg, 1989, S. 187 ff.

16 Dies gilt zumindest solange, wie nicht auf die politisch Verantwortlichen ein ebenso starker bzw. größerer “Gegendruck“ vom Ausland ausgeübt wird, wie sich am Beispiel Kolumbiens durch die Einflußnahme der USA zeigt.

17 Vgl.: *Werle*, International organisierte Kraftfahrzeug-Verschiebung, *Krim* 1995, S.153 (155).

18 Vgl.: *BKA*, Kfz-Statistik, Stand 7/1994; sowie *Werle* a.a.O, S. 78 ff.

Trotz solcher Ausnahmen, die nur definitorisch auf festeren Grund führen, haben wir insgesamt zur OK bestenfalls unzureichende Daten.[19]

2.3 Sonstige Formen schwerer Kriminalität im Vergleich

Die sonstige schwere Kriminalität könnte uns nicht nur im Vergleich mit der internationalen Kriminalität diese plastischer werden lassen, sondern gäbe auch weitere Informationen zur nationalen Sicherheitsfrage, die ja recht eigentlich Thema des europäischen Bemühens gegen die Kriminalität ist.

Hier findet man zwar quantitativ mehr Delinquenz als bei unserer Suche nach internationaler Kriminalität. Im Vergleich zur Gesamtzahl der in Deutschland begangenen Delikte handelt es sich aber immer noch um nachgerade randständige Kriminalität.[20] Ein Ergebnis, welches einerseits überaus erbaulich ist, andererseits aber nicht verdecken darf, daß die Qualität jeder einzelner dieser Taten, der dadurch angerichtete individuelle und gesellschaftliche Schaden, jeweils schwer wiegt.

3. Probleme der gegenwärtigen Situation

3.1 Europäische Grenzen, Kriminalität und Strafverfolgungsbehörden

Die erste Frage in diesem Zusammenhang ist immer die nach Schengen. Hat Schengen jetzt nicht die Schleusen für die Kriminalität geöffnet? Dieses Bild ist hochinteressant, denn es setzt voraus, daß Kriminalität aus den Nachbarländern zu uns hereinflutet. Da dieses Bild auch von Vertretern anderer Nationen aus den Schengener Vertragsstaaten gebraucht

---

19 So auch: *Bögel* a.a.O, S. 191; *Kaiser*, Kriminologie, 9.Aufl. 1993, § 28 Nr. 4.3. Nach Mitteilung des BKA wurden 1994 789 Ermittlungsverfahren von OK eingeleitet.

20 Im Jahr 1993 betrug der Anteil von Straftaten gemäß §§ 211,212; 177; 223a; 249, 253, 255, 316 nicht einmal 2,5% im Verhältnis zur Gesamtzahl aller bekannt gewordenen Straftaten in der BRD. Vgl. auch: *Schwind* a.a.O. (FN 3), § 2 Rdnr.18.

wird[21], hat offenbar jeder Angst vor der Kriminalität der anderen. Mit der eigenen scheint man - da man sie kennt - offenbar weniger Probleme zu haben. Abstrahiert man vor der eher emotionalen Furcht vor allem Fremden und den damit verbundenen Chauvinismen, bleibt als reales kriminalpolitisches Substrat das Bedenken gegen die kontrollfrei grenzüberschreitende Kriminalität.

Richtig ist, daß die Grenzen, zumindest theoretisch, eine gewisse Kontrollfunktion haben. Wir kennen das noch von dem Beispiel der deutschen Kleinstaaterei bis hinein ins 19. Jahrhundert, wo ohne Kontrollen kaum 30 km gereist werden konnte. Wenn wir heute um jede Stadt, um jeden Kreis, um jeden Regierungsbezirk eine Mauer ziehen würden mit Schildwachen davor, dann wäre es sehr schwer, sich als Krimineller zu bewegen, ohne sehr bald auch erwischt zu werden. Grundsätzlich ist Grenzkontrolle auch Verhaltenskontrolle. Umgekehrt bedeutet jede Erleichterung der Mobilität Kontrollverlust und damit Verlust an kriminalistischer Kontrolle. Wenn jedoch die politische Entscheidung für den Wegfall vorher bestehender Grenzen gefallen ist, sollte man nicht über den Kontrollverlust lamentieren. Jede zusätzliche Freiheit hat ihren Preis. Sinnvoll ist es hingegen zu fragen, wie der Kontrollverlust kriminalpolitisch zu Buche schlägt und ob nicht die Strafverfolger gleich den Tätern in ihren Handlungsmöglichkeiten „entgrenzt" werden könnnen.

Ich darf daran erinnern, daß wir das gleiche Problem nach dem Zweiten Weltkrieg in der Bundesrepublik hatten, als die politische Verfolgung über die Grenzen der Bundesländer hinweg äußerst kompliziert war. Da mußte gleichsam der Streifenwagen an der Landesgrenze eine Vollbremsung machen, während der Täter weiterfuhr. Die damalige Diskussion verlief kaum anders als das, was wir unter dem Stichwort Schengen in diesen Jahren erlebt haben. Auch damals fürchteten die Bundesländer einen Souveränitätsverlust, verbunden mit starkem Mißtrauen gegenüber der Polizei der Nachbarländer.

---

21 Ein gutes Beispiel hierfür dürften in jüngster Zeit die Bemühungen Frankreichs gewesen sein, das Schengener Abkommen hinsichtlich des Wegfalls der Grenzkontrollen auszusetzen, da durch die - liberale - niederländische Drogenpolitik ein Anstieg der Drogendelinquenz in Frankreich zu befürchten sei.

Ähnlich ist es jetzt mit Schengen: Wir haben zwar noch keine statistischen Daten, aber wir haben allen Grund zu vermuten, daß keine Katastrophe eintritt, schon deshalb nicht, weil die Grenzen der Schengener Staaten sich seit spätestens 1984[22] durch eine absolute Kontrolldünne ausgezeichnet haben. Seither wurde praktisch nicht mehr kontrolliert.

Ich habe im Jahre 1990 im Auftrag des rheinland-pfälzischen Innenministers eine empirische Studie über die Kontrolldichte der deutschen Westgrenzen durchgeführt[23] und herausgefunden, daß wir auf 100.000 registrierte Übertritte an den Westgrenzen im Jahre 1988 knapp zwei Aufgriffe hatten. Wenn man sich die Qualität dieser Aufgriffe anschaut, dann waren das Anlässe, die nun wirklich nicht sehr bemerkenswert waren. Einen Schwerpunkt bildeten Personen, die aufgrund ihres Phänotypus deutlich der Drogenszene zuzuordnen waren. Wenn also die Junkies aus Holland kamen mit ihren paar Gramm Stoff oder auch mal einem Pfund in der Tasche und ihnen dann schon einmal die Spritze aus der Tasche fiel - diese Fälle sind in der Tat dokumentiert - dann kommt ein Zollbeamter auch ohne kriminalistischen Aufwand relativ einfach zu einer Festnahme. Dies geschah im Jahre 1988 an der Westgrenze etwa 260 mal. Bei Eigentums- und Vermögenskriminalität - meist handelte es sich um gestohlene Autos - gab es 1988 rund 700 Aufgriffe.[24]

Man liest mitunter viel höhere Aufgriffszahlen. Vor allem aus dem Innenressort kommen ganz andere Angaben. Nur hat man dabei nicht berücksichtigt, daß viele Aufgriffe an der Grenze nicht der Grenze selbst zuzurechnen sind. Wenn ich z.B. jemanden observiere und mich dann entschließe, ihn beim Grenzübergang zu packen, dann ist es nicht die Grenze, die diesen Aufgriff ermöglicht hat. An den Grenzen waren jedoch die Beamten, so daß es dort leicht war zuzugreifen. Das heißt also, man darf nicht solche sogenannten Fahndungsaufgriffe, sondern nur die Initiativaufgriffe zählen, Aufgriffe an der Grenze, die ohne vorangegangene Informationen, allein aufgrund des Ergebnisses der Grenzkontrollen erfolgt sind.

---

22 Trilaterale Vereinbarung der Bundesrepublik, Frankreichs und Österreichs vom 13.07.1984 über erleichterte Kontrollen im Personenverkehr.

23 Kühne, Kriminalitätsbekämpfung durch innereuropäische Grenzkontrollen?, 1991. Alle folgenden Daten sind dieser Studie entnommen.

24 Genauere Angaben und weitere Zahlen bei *Kühne* a.a.O. (FN 23), S. 40ff.

Weiterhin sollte man die Aufgriffe herauslassen, die allein grenzgemachte Delikte betreffen, d.h. also Delikte, die nur deshalb begangen werden können, weil eine Grenze existiert, nämlich der illegale Grenzübertritt mit den ganzen strafrechtlichen Urkundsfolgen.

Wenn man das Datenmaterial derart bereinigt, dann kommt man auf die von mir genannten Zahlen, die in der Tat keine Kontrolldichte dokumentieren, die einen Polizisten froh machen könnte.[25] Weil also die Schengener Grenzen - zumindest, was uns angeht - auch schon vor dem Inkrafttreten von Schengen praktisch keine kriminalpolitisch erwähnenswerte Kontrollfunktion gehabt haben, wird auch nach der völligen Öffnung diese Änderung kriminalpolitisch nichts bewegen, weder zum Guten noch zum Bösen.

Freilich - und das ist nicht etwa unmittelbar im Zusammenhang mit Schengen, sondern im Zusammenhang mit dem allgemeinen Abbau von Kontrolldichte an Grenzen zu vermerken - ist es schon richtig, daß der Täter mit der Grenze sehr viel weniger Schwierigkeiten hat als die Strafverfolgungsbehörden. Während wir als Privatpersonen auch vor Schengen beliebig die Grenzen haben überqueren können - denken wir etwa an die 70er Jahre, als die Mitglieder der RAF über die sog. grünen Grenzen locker zwischen Deutschland, Frankreich, Benelux hin- und herpendelten und trotz intensivster Fahndungsmethoden eben nicht ergriffen wurden, zumindest nicht an den Grenzen - haben wir eine Bewegungsfreiheit erlangt, die die Organe der Strafverfolgung nicht haben. Die stoppen immer noch an den Grenzen. Es ist zumindest mittel- und langfristig zu bedenken, daß diese Freiheiten des Bürgers letztlich auch Freiheiten der Verfolgungsbehörden werden müßten, um sie nicht auf Dauer in eine schlechtere Position zu bringen.[26] Das ist eine allgemeine mittel- und langfristige Erwägung, die mit Schengen nichts, aber mit der dritten Säule viel zu tun hat.

---

25 Zum ganzen siehe *Kühne* a.a.O. (FN 23), passim.

26 Vgl.: *Kühne*, in *Pauli* (Hrsg.) Schengen en panne, 1994, S. 89 (93); ähnlich auch *Krüger*, Innere Sicherheit und Europa, *Krim* 1994, 773 (775).

3.2 Gerichtsstand-Shopping

Wie sieht es heute mit der grenzüberschreitenden Strafverfolgung aus? Zunächst ist festzustellen, daß wir kein internationales Strafrecht haben, vergleichbar etwa dem internationalen Privatrecht. Wir haben nur unabgestimmte nationale Regelungen von Zuständigkeiten bei grenzüberschreitenden strafrechtlichen Bezügen - das ist das, was wir internationales Strafrecht nennen.[27] Es gibt Ansatzpunkte für die Zuständigkeit in Strafsachen, die am Tatort, sei es bei der Handlung, sei es beim Erfolg oder bei der Nationalität des Täters, bei der Nationalität des Opfers und schließlich bei der Deliktsart anknüpfen. Internationale Verbrechen im Sinne des § 6 StGB dagegen sind überall, ganz gleich, wo und von wem sie begangen werden, strafbar.

Wenn also ein Engländer in Frankreich einen Deutschen beraubt, dann haben wir drei originäre Zuständigkeiten für die Strafverhandlung. Die Engländer und die Franzosen könnten den Täter in originärer Zuständigkeit genau wie wir, weil das Opfer ein Deutscher war, verfolgen und verurteilen. Das wäre auch überhaupt kein Problem, wenn, unabhängig von dem verfolgenden und verurteilenden Land, die Ergebnisse zumindest vergleichbar, wenn nicht gar gleich wären. Aber eben das ist nicht der Fall. Hieraus ergibt sich dann das Problem des „Gerichtsstands-Shopping", also des Aussuchens des Gerichtsstands, der für den Betreffenden die potentiell besten Ergebnisse bringt - eine Situation, der wir uns nicht ohne Mißbehagen stellen können.

Ich will das exemplifizieren; zunächst bei einem Verfahren, welches in *einem* Land von Anfang bis Ende durchgeführt wird. In einer zweiten Stufe werde ich ein Verfahren darstellen, das über verschiedene Länder geht, dann wird es noch schwieriger.

---

27 Zum Versuch einer exakten Definition siehe: *Jescheck*, Lehrbuch des Strafrechts, 4. Aufl. 1988, § 18 I 1; *Weigend*, Strafrecht durch internationale Vereinbarungen - Verlust an nationaler Strafrechtskultur?, *ZStW* 105 (1993), S. 774 (776) m.w.N.

a. Verfahren in einem Land

Nehmen wir an, gegen unseren Engländer, der in Frankreich den Deutschen beraubt hat, wird ausschließlich in einem der drei Länder ermittelt. Das führt uns zur Frage: Was hätte er in England gekriegt, was wäre mit ihm in Frankreich, was in Deutschland geschehen? Gerade beim Raub haben wir nun nicht sehr uneinheitliche Rechtsvorschriften, obwohl die Ausformungen der einzelnen Tatbestände schon Unterschiede machen. Aber wir haben andere, materielle Rechtsbereiche, etwa im Umweltrecht, im Recht des Ehrenschutzes, natürlich allemal im Bereich des sog. politischen Strafrechts, wo Straftatbestände im einen Land existieren, die im anderen als Straftat nicht bekannt sind. Weiterhin haben wir das Problem der nicht-nationalen Rechtsgüter, die nicht in allen Ländern Europas auch gleichermaßen geschützt sind. Die Deutschen waren mit der Schaffung des § 264 Abs. 6 StGB sehr fortschrittlich und sehr schnell, sie waren die ersten, die hier auch übernationale Vermögensrechtsgüter in den Betrugsschutz einbezogen haben.

Dann wird es besonders heikel bei den Strafvoraussetzungen und Zurechnungsregeln, also dem allgemeinen Teil des Strafrechts. Vorsatz, Fahrlässigkeit, Schuldfähigkeit, das sind Dinge, die national völlig unterschiedlich geregelt sind. Des weiteren: Wann ist ein Versuch strafbar? Gibt es einen strafbefreienden Rücktritt vom Versuch? Welche Voraussetzungen bestehen dafür? Kann man ein Delikt durch Unterlassen begehen oder muß man gehandelt haben? Wie ist das mit der Verjährung? Das sind alles Dinge, die in Europa völlig unterschiedlich geregelt sind und wo man sich, je nach Fallgestaltung dann beim Gerichtsstands-Shopping die Regelungen aussuchen kann, die für einen am günstigsten sind. Auch die Strafrahmen sind ganz unterschiedlich ebenso wie die Straftaxen.

Was sind Straftaxen? Straftaxen beschreiben die Übung von Strafrichtern, sich in einem bestimmten Teil des vorgegebenen Strafrahmens aufzuhalten.[28] In Deutschland ist es üblich, daß die Richter nicht über das untere Drittel des vorgegebenen Strafrahmens hinausgehen[29], in ganz seltenen Fällen bis zur Hälfte des Strafrahmens kommen und praktisch, in stati-

---

[28] Vgl.: *Schäfer*, Praxis der Strafzumessung, 1990, Rdnr. 366.

[29] So auch: *Schäfer* a.a.O, Rdnr. 459 ff.

stisch zu vernachlässigender Häufigkeit auch einmal über die Hälfte des vorgegebenen Strafrahmens hinausgehen. In Frankreich ist das ganz anders, dort werden die vorgegebenen Möglichkeiten auf sehr viel breitere Weise ausgeschöpft.

Schließlich ist die unterschiedliche rechtliche und faktische Ausgestaltung des Strafvollzugs von großer Bedeutung. Wenn ich die Wahl habe, in Spanien oder in Deutschland ins Gefängnis zu gehen, fällt mir die Entscheidung nicht schwer, denn die Unterschiede sind dramatisch.[30] Auch das Überstellungsabkommen[31] würde da nicht viel helfen, denn ich kann ja nur in mein Heimatland überstellt werden, wenn ich dem auch zustimme. Das heißt also, der Spanier, der die Möglichkeit hat, in Deutschland verurteilt zu werden, bleibt hier und hat so nicht nur ein „Gerichtsstands-Shopping", sondern damit auch ein ebenso günstiges „Strafvollzugsstand-Shopping" getätigt.

Letztlich gibt es dann die unterschiedlichen prozessualen Urteilsvoraussetzungen. Wir haben die Laienjury im adversatorischen Verfahren in England. Das heißt also, ich muß meine Verteidigungsstrategie ausrichten auf emotionale und common-sense geprägte Überzeugungen. Liegt mir das, dann bin ich bei den Laienrichtern, die über schuldig oder nicht schuldig zu erkennen haben, gut aufgehoben. In Deutschland habe ich es mit rein professionellen Akteuren zu tun, da muß ich mich anders einstellen, und schließlich in Frankreich, wo das Zentrum der Beweisaufnahme nicht im Hauptverfahren, sondern vor dem Untersuchungsrichter stattfindet, muß ich dort meine Akzente setzen, denn was im untersuchungsrichterlichen Verfahren gelaufen ist, kann in der Hauptverhandlung in Frankreich noch viel weniger korrigiert werden als das in Deutschland (leider bereits) der Fall ist.[32]

---

30 Einen ersten Einblick gegeben: *Kaiser/Kerner/Schöch*, Strafvollzug, Ein Lehrbuch, 3.Aufl. 1982, S. 61 ff.

31 Überstellungsübereinkommen vom 31.03.1983; siehe auch: *Kühne* a.a.O. (FN 4), S. 17; *Vogeler*, Die strafrechtlichen Konventionen des Europarates, *Jura* 1992, S. 586 (591) m.w.N.

32 Vgl.: *Peters*, Fehlerquellen im Strafprozeß, 1972, 2. Band, S. 195; *Weihrauch*, Verteidigung im Ermittlungsverfahren, 3. Aufl. 1991, S. 2; *Beulke*, Der Verteidiger im Strafverfahren, 1980, S. 244 f.

Beweisverbote: Welche Beweise dürfen gegen mich verwandt werden? Ich will nicht von den V-Leuten[33] sprechen, von den Tagebüchern[34], von den geheimen Aufnahmen[35], von Quälereien oder dem, was darunter subsumiert werden kann (Stichwort § 136a der Deutschen StPO: „Verhör des dritten Grades"). Vieles, was bei uns schon als Quälerei gilt, wird in England oder Frankreich noch längst nicht als solche verstanden; beide Nationen haben keine dem § 136a StPO entsprechende Vorschrift, sondern es gibt nur die unscharfen Formulierungen, daß solches Vehalten der Verfolgungsorgane unter Umständen vom Richter zu rügen ist und u.U. dann auch nicht verwendet werden dürfte. Demgegenüber haben wir im § 136a der StPO ganz eindeutige Beweisverbote, die auch relativ deutlich beschrieben sind.

Kurzum, die Fülle dieser unterschiedlichen Aspekte macht deutlich, daß Gerichtsstands-Shopping durchaus für den Straftäter interessant ist, zu absolut unterschiedlichen Ergebnissen führen kann und in vielen Fällen sogar die Frage Verurteilung oder nicht Verurteilung entscheidend beeinflußt.

b. Ermittlungshandlungen in mehreren Ländern

Noch schwieriger wird es, wenn Ermittlungshandlungen sich über mehrere Staaten ziehen. Hier vervielfältigen sich die prozessualen Probleme, denn es geht letztlich um die völlig ungeklärte Frage wechselseitiger Anerkennung von prozessualen Handlungen.

---

33 Vgl.: *BGH-NJW* 1994, 2904; *Kleinknecht/Meyer-Goßner*, StPO, 42. Aufl. 1995, § 250 Rdnr.5.

34 Vgl.: BVerfGE 80, 367 (373 ff); *Kleinknecht/Meyer-Goßner* a.a.O., Einl. Rdnr. 56a m.w.N.

35 Zur Zulässigkeit von Bildaufzeichnungen: *Gropp*, Besondere Ermittlungsmaßnahmen zur Bekämpfung der Organisierten Kriminalität, *ZStW* 105 (1993), S. 405 (416 ff); *Krey/Haubrich*, Zeugenschutz, Rasterfahndung, Lauschangriff, Verdeckte Ermittler, *JR* 1992, 309 (312).
Bezüglich der Verwertbarkeit von Beweisen, die mittels der Überwachung des Fernmeldeverkehrs gewonnen wurden (§ 100a StPO) vgl.: *BGH-NSTZ* 1994, 292; *Kleinknecht/Meyer-Goßner* a.a.O, § 100a Rdnr..1.

Nach deutschem Recht dürfen richterliche Vernehmungsprotokolle in die Hauptverhandlung eingeführt werden.[36] Was ist ein richterliches Vernehmungsprotokoll? Welche Richter in welchen Nationen entsprechen dem deutschen Richter so, daß wir dieses Privileg, welches eine Ausnahme vom Unmittelbarkeitsprinzip konstatiert, hier übernehmen könnten? Gehören etwa die englischen (lay) magistrates dazu, oder nur die „wirklichen" Richter, seien es circuit judges oder solche am Crown Court bzw. High Court? Wie ist es mit den Beweisverboten und mit dem Zeugen vom Hörensagen? Und schließlich: was bedeutet Rechtskraft, was auch im Rahmen von Schengen von Bedeutung ist, weil Art. 54 eine wechselseitige Rechtskraftanerkennung konstatiert.

Auf polizeilicher Ebene bereitet die Frage des grenzüberschreitenden Informationsflusses und auch der physisch grenzüberschreitenden Ermittlungshandlungen - also Nacheile und Observation - größere Schwierigkeiten.[37] Wenn ich hier die Polizeien und Staatsanwaltschaften auf den Rechtshilfeweg verweise, dann kann ich es eigentlich auch gleich lassen. Denn der ist so umständlich, daß den Bedürfnissen eines schnellen Zugriffes im Rahmen von Ermittlungen kaum Rechnung getragen werden kann.[38]

Anders ist dies nur in Verfahren, in denen bekannte und weitgehend gesicherte Beweismittel aus einem anderen Land der nationalen Ermittlungsbehörde überstellt werden. In manchen Wirtschaftsstrafsachen funktioniert das, allerdings eher als Ausnahme denn als Regel.

4. Fazit

Ich hoffe, mit diesen wenigen Beispielen klargemacht zu haben, daß die mehrfachen Zuständigkeiten, die immer häufiger bestehen bei Tätern in einem Europa offener Grenzen, zu einer Menge ungeklärter rechtlicher Schwierigkeiten ebenso wie zu markanten Ungleichbehandlungen führen

---

36 So z.B.: §§ 232 III, 251 StPO. Hinsichtlich der Frage der Verwertbarkeit einer Aussage eines Zeugnisverweigerungsberechtigten (§ 252 StPO) siehe: *BGHSt* 36, 384 (385).

37 Vgl.: *Krüger*, Europa im polizeilichen Alltag, *Krim* 1992, S. 13 (15 f).

38 So auch: *Krüger* a.a.O, S. 14 f; speziell bei der Bekämpfung der Organisierten Kriminalität: *Fätkinhäuser*, OK-Bekämpfung und Rechtshilfe, *Krim* 1994, S. 307.

können. Wissenschaft, Justiz und Politik haben dieses Gebiet bislang sträflich vernachlässigt!

4.1 Europäische Remedur

Was ist nun die europäische Remedur hiergegen? Hierzu müssen wir drei Welten unterscheiden. Die Welt des Europarats, die Welt der EU - nicht nur in der dritten Säule - und die Schengener Welt.

- **Ebene des Europarats**

Da die EG ja nach h.M. nicht zuständig ist für den Bereich des Strafrechts[39], verwundert es nicht, daß die meisten strafrechtlichen Aktivitäten zunächst einmal vom Europarat kamen, die aber dann auf der Basis von völkerrechtlichen Verträgen abgewickelt wurden. Die Europäische Menschenrechtskonvention ist ein klassisches Beispiel dafür.[40]

- **Ebene der Europäischen Union**

Die zweite Welt, Europa, die wir hier unter dem Stichwort des dritten Pfeilers besprechen, also Artikelgruppe K EUV, hat nur im Sinne, die Zusammenarbeit zu verbessern, nicht aber die Aufgabe Regeln zu vereinheitlichen oder zu harmonisieren.

Ich hoffe jedoch deutlich gemacht zu haben, daß wir ohne eine gewisse Harmonisierung im Strafrechtsbereich - vor allem auf formeller Ebene - nicht sehr viel weiter kommen. Es wäre allerdings schon sehr hübsch, wenn wir im Rahmen der dritten Säule es erreichen könnten, daß Polizei und Justiz in direkten Kontakt auf Arbeitsebene miteinander treten können. Denn das ist die Voraussetzung für eine wirkliche Kooperation, die den Nachteil der Polizeien und Staatsanwaltschaften durch nationale

---

39 *Weigend* a.a.O. (FN 27), S. 779 m.w.N.; *Oppermann*, Europarecht, 1.Aufl. 1991, Rdnr. 1117; *Lagodny*, Die Aktivitäten des Europarates auf strafrechtlichem Gebiet, in: *Eser/ Huber* (Hrsg.) Strafrechtsentwicklung in Europa, Band 3, Teil 2, 1990, S. 1321.

40 Zur Bedeutung der EMRK siehe: *Vogeler* a.a.O. (FN 31), S. 586 ff; *Kühl*, Der Einfluß der Europäischen Menschenrechtskonvention auf das Strafrecht und das Strafverfahrensrecht der Bundesrepublik Deutschland, *ZStW* 100 (1988), S. 406 ff, 601 ff.

Grenzen gegenüber den von diesen Grenzen freien europäischen Bürgern kompensieren würde. Davon sind wir aber, wenn ich das recht sehe, noch ziemlich weit entfernt.

Europol, das große Geheimnis der europäischen Polizeien - die inzwischen unterzeichnete Konvention befindet sich zur Zeit im Ratifizierungsprozeß[41] - Europol also arbeitet bereits im Drogenbereich aufgrund der vom Rat beschlossenen gemeinsamen Maßnahme vom 10.3.1995 und wird, so bleibt zu hoffen, nun aufgrund dieser Konvention in Profil und Struktur erkennbar werden. Wir entnehmen aber den K-Bestimmungen (K.1. Nr. 9 EUV), daß Europol den Datenaustausch in Europa vereinfachen soll, d.h. also Datenzugriff, ohne daß hier irgendein Rechtshilfe- oder ein anderes behinderndes Mittel dazwischenträte. Technisch ist dies sehr leicht machbar, selbst unter Berücksichtigung der föderalen Zuständigkeiten, d.h. also der Länderzuständigkeiten im Polizei- und Justizbereich. Die Daten würden in Millisekunden vom Europol-Computer zum BKA-Computer in den jeweiligen Online-Anschluß einer Landespolizeidienststelle hereinkommen können. Das Datenschutzproblem[42] ist hier freilich erheblich. In diesem Zusammenhang muß auch darauf geachtet werden, daß die Computer nicht mit einer Menge von Datenschrott belastet, verfälscht und in ihrer Zuverlässigkeit reduziert werden. Denn wenn die Regeln für die Aufnahme von Daten in diese polizeilichen Informationssysteme nicht halbwegs einheitlich und verläßlich sind, belastet die Vielfalt unterschiedlicher und unerkennbarer Datenniveaus jede Ermittlung. Es wird also für die an Europol beteiligten Polizeien der europäischen Länder ein zentrales Anliegen sein müssen, sich darauf zu einigen, nur nach bestimmten Kriterien und nach bestimmten Gewißheiten Informationen aufzunehmen.

---

41 Inhaltlich wurde die Konvention im wesentlichen wie vorgesehen verabschiedet, jedoch ohne Festlegung des Europäischen Gerichtshofs als Kontrollinstanz.

42 So auch: *Bieber*, Das Abkommen von Schengen über den Abbau von Grenzkontrollen, *NJW* 1994, 294 (296). Der Datenschutz soll hierbei nach Maßgabe der Datenschutzbestimmungen der einzelnen Mitgliederstaaten erfolgen und wird für die BRD durch den Datenschutzbeauftragten wahrgenommen. Die Frage nach der Effektivität der Kontrolle ist damit jedoch noch nicht beantwortet. Vgl.: *Boetticher*, International organisierte Wirtschaftskriminalität, *ZRP* 1995, 144 (148).

- **Schengen-Ebene**

Schließlich die dritte Welt: Schengen. Hier haben wir - schon ansatzweise funktionierend - das Schengener Informationssystem. Aber wenn wir uns die Vorschriften über Nacheile und Observation anschauen, dann müssen wir erkennen, daß hier eigentlich nicht ernst mit der Kooperation gemacht worden ist, denn bevor ich als Polizist die Vorschriften etwa über die Nacheile nach Frankreich verstanden habe, ist das Verfahren schon längst vorbei. Wenn ich bei der Observation auf die Rechtshilfe verwiesen werde, ist das fast ein Witz, denn die Observation lebt ja davon, daß ich in realer Zeit eine Bewegung verfolge; wenn diese Bewegung sich über die Grenze erstreckt, dann kann ich doch jetzt nicht plötzlich über mein Ministerium an das andere nationale Ministerium mich zurückverweisen lassen! Dies zeigt, daß auch bei Schengen noch vieles verbesserungswürdig ist.[43] Selbst dort, wo wir bei Schengen den Eindruck erhalten, daß man sich hier doch im Sinne einer besseren Kooperation, einer besseren wechselseitigen Anerkennung verstanden hat, sehen wir Probleme, die erkennen lassen, daß es an einem systematischen Zugriff fehlt.

Nehmen wir das Beispiel von Art. 54 von Schengen II, wo die wechselseitige Anerkennung von Urteilen geregelt ist. Der deutsche Text spricht davon, daß abgeurteilt worden ist. Im Französichen heißt es „définitivement jugé".

Welche Art von Spruch eine solche Rechtskraft bzw. Endgültigkeit des Richterspruches erfordert, ist insbesonders in Hinblick auf die unterschiedliche Struktur des französischen und deutschen Strafprozeßrechts unklar. Während nach deutschem Recht hier eher das richterliche Endurteil auf Ebene der zuständigen Instanz und wohl nicht der richterliche Einstellungsbeschluß nach §§ 153ff StPO gemeint sein dürfte, wirft das richterliche Verfahren der Vorermittlung in Frankreich Fragen auf. Ist bereits die Einstellungsentscheidung des Untersuchungsgerichts, das „non-lieu" - immerhin in einer Verhandlung von einem Gericht im Rahmen einer vollständigen Beweisaufnahme erarbeitet - ein solcher Spruch? Oder bedarf es dazu eines „richtigen" Freispruchs, der freilich für alle Fälle eines „non-lieu" regelmäßig aus Rechtsgründen ausgeschlossen ist.

---

43 Vgl.: *Bieber* a.a.O., S. 296 f.

Das zeigt, daß auch Schengen und allemal die Bemühungen im Rahmen des dritten Pfeilers von einer tiefen Naivität, über die leichte und selbstverständliche Kompatibilität der Systeme geprägt sind. Es steht zu vermuten, daß, solange nicht die Wissenschaft zu mehr Informationen beigesteuert hat, die die systematischen Unterschiede der unterschiedlichen Rechtsordnungen auch dem Politiker erkennbar macht, all diese Bemühungen vordergründig und offen bleiben.

4.2 Bekämpfung der Drogenabhängigkeit und Grenzen des Strafrechts

Mein Thema impliziert noch die Bekämpfung der Drogenabhängigkeit. Hierbei möchte ich die Gelegenheit nutzen, auch gleich auf die Grenzen des Strafrechts einzugehen. Denn bislang sind wir immer davon ausgegangen, daß das Strafrecht, wenn es nur richtig implementiert wird, auch selbstverständlich dazu beiträgt, die betreffenden sozialen Probleme zu regeln. Dies ist aber ganz offensichtlich so nicht zutreffend.

Art. K.1. Nr. 4 EUV spricht nur von der Drogenabhängigkeit und nicht vom Drogenmißbrauch. Das ist eine, wie ich meine, sehr weise Wortwahl. Wir haben nach deutschem Betäubungsmittelrecht alles, was irgendwo in die Nähe der Droge gerät, unter Strafe gestellt - eine Breitbandkriminalisierung, die nicht vollständiger sein könnte.[44] Art. K.1. Nr. 4 EUV spricht jedoch nur von der Drogenabhängigkeit, die man bekämpfen sollte. Und Art. 129 I Satz 2 des EG-Vertrags nimmt das Problem der Drogenabhängigkeit unter dem Stichwort der Gesundheitsfürsorge auf, wo es eigentlich auch hingehört. Im ersten Pfeiler finden wir das Problem der Drogen unter dem Stichwort „Gesundheit" erwähnt und im dritten Pfeiler nur als Abhängigkeitsproblem im Kontext von Innen- und Justizverwaltung behandelt.

Drogenabhängigkeit ist zunächst einmal ein medizinisches Problem, also eine Krankheit, und sie ist ein soziales Problem ohne unmittelbare Drittschädigung, weshalb das Mittel des Strafrechts in diesem Bereich unor-

---

44 Vgl.: *Kühne*, Staatliche Drogentherapie auf dem Prüfstand, 1985, S. 21 f; ähnlich auch *Köhler*, Freiheitliches Rechtsprinzip und Betäubungsmittelstrafrecht, *ZStW* 104 (1992), S. 3 (8).

thodox ist. Wir kennen eigentlich immer nur dort Straftatbestände, wo ein Schaden verursacht wurde, der außerhalb der Person des Täters liegt.

Andererseits ist der Tatbestand des Selbstmordes ein historisches Beispiel für die Pönalisierung eines Schadens, der beim Täter selbst eingetreten ist. Begründung dafür war der Verstoß gegen die durch christliche Moral geprägte Vorstellung vom Recht des Staates, bestimmte Grenzen individueller Lebensgestaltung zu setzen und zu erzwingen.

Gerade dieses Beispiel eines Straftatbestandes, in dem der Täter sich selbst und damit eine staatstragende Vorstellung über die Grenzen persönlichen Glücks und Unglücks verletzt und damit zum doppelten Opfer wird, zeigt, in welche Richtung wir bei der Pönalisierung des Drogengebrauchs gehen. Das Strafrecht ist also hier zunächst einmal ein wesensfremdes Element und nach den Erfolgen, die wir erzielt haben, auch offenbar untauglich.[45] Allein die Erfahrungen der amerikanischen Prohibition[46] hätten uns eigentlich belehren sollen, daß Strafrecht nicht das Mittel der Wahl ist, wenn ich einen epidemischen Gebrauch von bestimmten Drogen reduzieren möchte. Soziale Instrumente sind hier viel effizienter, billiger und vor allem unschädlicher, denn wir schaffen uns mit der Breitbandpönalisierung im Drogenrecht erst die Kriminalität, vor der wir nachher so große Angst haben, nämlich die Kriminalität der Händler, die mit immer kriegerischeren Mitteln versuchen, ihre Marktposition durchzusetzen. Und wenn wir uns vor Augen halten, welche Gewinne da auf dem Spiel stehen - sie sind höher als im legalen Waffenhandel - dann ist es eine marktwirtschaftliche Banalität, daß es Drogenhandel gibt, solange dieser Drogenbann besteht, der damit auch die Garantie für die hohen Gewinnspannen bietet, solange es auch Leute geben wird, die dieses Geld verdienen möchten, ganz gleich, was die Polizei dagegen haben wird und dagegen stellen kann.

---

45 Vgl. auch: *Köhler* a.a.O, S. 3 und 14 f; Eingehend zur Frage der Tauglichkeit des Strafrechts als Mittel zur Lösung politischer Probleme: *Kniesel*, Nach der Entscheidung des BVerfG zur Strafbarkeit weicher Drogen: Anfang vom Ende der Drogenpolitik durch Strafrecht, *ZRP* 1994, S.352ff.

46 Vgl.: *Thamm*, Drogenfreigabe - Kapitulation oder Ausweg, 1989, S. 54 ff, der einen Übergang vom derzeitigen "Prohibitionsmodell" zum "Steuermodell" prognostiziert.

Insofern ist die Behandlung des Problems der Drogenabhängigkeit im ersten Pfeiler unter dem Stichwort von Gesundheit und Bekämpfung von Krankheit sicherlich sachgemäß. Im dritten Pfeiler ist immerhin erfreulich zu sehen, daß hier zunächst nur von Drogenabhängigkeit und dann in Folge von den Versorgern, also den Händlern die Rede ist. Ich würde es aus sachlichen Gründen jedoch bevorzugen, wenn die Drogenpolitik ausschließlich im Bereich des Sozialen und Medizinischen stattfinden würde und wir uns mit diesem Moloch, den wir selbst geschaffen haben, nicht zusätzlich strafrechtlich auseinandersetzen müßten.

Dieses Beispiel mahnt uns, dreier gar nicht so neuer Erkenntnisse zu gedenken:

- Innere Sicherheit ist zutiefst das Ergebnis einer intakten Sozialstruktur und kann diese nicht durch Strafrecht ersetzen. Strafrecht kann nur als Korrektiv innerhalb halbwegs intakter Sozialstrukturen Wirkung entfalten.
- Kriminalitätsbekämpfung beginnt bei der legislativen Entscheidung über Kriminalisierung. Wir schaffen uns jeweils unsere eigene Kriminalität. Das kann sehr notwendig sein, das kann aber auch sehr überflüssig sein. Wir müssen uns in weiser Selbstbeschränkung bei diesen Entscheidungen über Kriminalisierung üben. Das ist ganz sicherlich effizienter als eine pauschale Breitbandkriminalisierung, die ja der trügerischen Hoffnung unterliegt, daß Strafrecht soziale Strukturen und Probleme jeglicher Art korrigieren könnte, was deutlich nicht der Fall ist.
- Kriminalitätsbekämpfung ist niemals alleine die Vermehrung von Polizei und Polizeibefugnis bzw. ihrer Effizienzsteigerung, so wie das im K-Artikel vielleicht verstanden werden könnte. Ältere wie jüngere historische Erfahrungen zeigen, daß für bürgerliche Rechtspositionen drastische Gefahren besonders auch von der Polizei und gerade ihrem Bemühen um Strafverfolgung drohen.

Das müßte uns zu einer gewissen Vorsicht bei der Wahl der Mittel bei der Verfolgung der Ziele der dritten Säule im Bereich des K-Artikels mahnen.

II.

Die Gemeinsame Innen-und Rechtspolitik und die Bundesländer

Innere Sicherheit - Eine Herausforderung an den Freistaat Bayern als Brücke zwischen West und Ost

Hermann Ziegenaus

Die Entwicklung der Kriminalität und damit der Inneren Sicherheit in der Bundesrepublik Deutschland ist vor dem Hintergrund der rasant geänderten Rahmenbedingungen in Gesamteuropa zu sehen. Die sich überschlagenden politischen Veränderungen und ein unaufhaltsamer gesellschaftlicher Wandel sind im wesentlichen bestimmend für die derzeitige Entwicklung auf dem Europäischen Kontinent.

Im *gesellschaftlichen* Bereich sind in Deutschland, aber in Ansätzen auch in den übrigen europäischen Staaten, auf die polizeiliche Aufgabenerfüllung kontraproduktiv wirkende soziologische Einflußgrößen festzustellen, wie Wertewandel, manche sprechen bereits von Werteverfall, zunehmende Individualisierung, der Rückzug in die Anonymität, das In-Frage-Stellen der staatlichen Autorität, zunehmende Liberalisierungstendenzen, ein teilweise überzogener Datenschutz und ein ausgeprägtes Rechtsmittelsystem. Sie kennen die Aussage, daß sich die Bundesrepublik Deutschland vom Rechtsstaat hin zum Rechtsmittelstaat verändert hat. So wird die Ermordung von zwei Polizeibeamten in Nordrhein-Westfalen im Raum Hildesheim im Oktober 1991 durch die Brüder Jüschke, die kurze Zeit später zweifelsfrei als Täter ermittelt werden konnten, erst im Jahre 1995 nach zweieinhalbjähriger Prozeßdauer erstinstanzlich abgeurteilt! Die Gerichtsverhandlung anläßlich der Ermordung zweier bayerischer Grenzbeamten im Donaukurier fand dagegen wenige Monate nach der Tat an zwei Verhandlungstagen statt und endete mit der Verurteilung der Haupttäter zu lebenslanger Freiheitsstrafe. Der Gerichtsort lag dabei allerdings in Österreich. Durch seine zentrale Lage und dem Wirtschafts-, Wohlstands- und Sozialgefälle zu den mittel- und osteuropäischen Ländern hat sich Deutschland im Mittelpunkt Europas zu einem bevorzugten

Aktionsfeld von Straftätern entwickelt. Deutschland liegt an vorderster Stelle in Europa mit seinem Bruttoinlandsprodukt und seinem Außenhandelsvolumen. Mit der Verkehrsinfrastruktur, der Wirtschaftskraft, dem liberalen und sozialen Gesellschaftssystem und der geographischen Lage Deutschlands im Zentrum Europas hängen auch die sehr hohen Reisendenzahlen zusammen, die jährlich unsere Grenzen überschreiten. 804 Grenzübergangsstellen, davon allein 245 Flug - und Seehäfen mit internationalem Verkehr sowie mit Frankfurt am Main dem größten internationalen Flughafen auf dem Kontinent und nach London dem zweitgrößten in ganz Europa sind Faktoren, die mit der Mobilität der Menschen kongruieren und die Wanderungsbewegung und Sogwirkung verstärken. Lassen Sie mich in Hinblick auf die Internationalisierung der Kriminalität, die Bayern als Brücke zwischen West und Ost besonders berührt, einige Schwerpunktbereiche herausgreifen, die uns besondere Sorge bereiten:

Die Organisierte Kriminalität

In ihren vielfältigen Erscheinungsformen, die von Rauschgift- und Waffenhandel über den Diebstahl hochwertiger Vermögensgegenstände bis hin zur Schutzgelderpressung und zum Menschenhandel reichen, verursacht die Organisierte Kriminalität nicht nur einen immensen volkswirtschaftlichen Schaden.

Das Organisierte Verbrechen greift vor allen Dingen gezielt an die Wurzeln unseres Rechtssystems und stellt einen zentralen Angriff auf jede Form demokratischen Staatswesens dar. Organisierte Kriminalität erschüttert das Vertrauen der Bevölkerung in die Handlungsfähigkeit und -kompetenz des Staates und führt bei den Bürgern zu einem Reputationsverlust von Polizei und Justiz. Die besondere Gefährlichkeit entfaltet sich bei dieser Form der Kriminalität aber vor allem durch die gezielte Verknüpfung und Verschleierung von illegalen mit legalen Geschäften durch Einführung riesiger Summen "schmutzigen Geldes" in den Wirtschaftskreislauf. Durch Subventionierung und Aufkauf von Firmenmehrheiten kann es in der Folge zu Monopolisierungs- und Wettbewerbsverzerrungen kommen. Konspirative Arbeitsmethoden und Abschottungsmechanismen nach Innen und nach Außen sowie eine breite Palette interner Sanktionierungsmethoden der Täterorganisationen führen dazu, daß Strafverfolgungsmaßnahmen ganz erheblich erschwert werden oder überhaupt nicht zum Tragen kommen.

Wesensmerkmal Organisierter Kriminalität ist die Vermengung legaler und illegaler Geschäfte. Damit werden Beziehungsgeflechte aufgebaut und Möglichkeiten der Einflußnahme auf Wirtschaft, Politik, Verwaltung und Gesellschaft geschaffen. Straftaten sind präzise geplant, den Bedürfnissen am Markt, des Angebots und der Nachfrage, wird Rechnung getragen. Tatausführung und Beuteverwertung sind professionell und arbeitsteilig angelegt. Außerordentlich hohe Profite gerade im Deliktsfeld der internationalen Rauschgiftkriminalität werden gewaschen und wieder in den legalen Wirtschaftskreislauf eingebracht. Mit der Einflußnahme auf die Wirtschaft wird die kriminelle Macht der Organisationen gestärkt und zugleich stabilisiert.

In Bayern wurden 1994 insgesamt 75 OK-relevante Ermittlungsverfahren durchgeführt. Bemerkenswert ist die zunehmende Internationalisierung der OK-Verfahren. Weniger als 10% der ausgewerteten Verfahren hatten ausschließlich regionale Bezüge, 78% waren durch internationale Begehungsweise gekennzeichnet. Der Anteil der ausländischen Tatverdächtigen betrug etwa 76%, wobei Personen aus dem ehemaligen Jugoslawien die stärkste Gruppierung stellten, gefolgt von deutschen und türkischen Staatsangehörigen. In 70% der Fälle wurden deliktsübergreifende Begehungsweisen festgestellt.

Das Dunkelfeld im Bereich der OK ist sehr hoch. In den für die Organisierte Kriminalität deliktstypischen Bereichen Rauschgiftkriminalität, Schutzgelderpressung, Straftaten im Bereich des Rotlichtmilieus, dem illegalen Waffenhandel, der Korruption und der Geldwäsche gelangen mangels sichtbarer Tatorte und häufig nicht aussagewilliger Zeugen Straftaten nur selten zur Kenntnis der Strafverfolgungsbehörden. Die Beziehungszusammenhänge müssen durch mühselige und langwierige Ermittlungen sukzessive aufgebaut werden. Die Natur internationaler Verbrecherkartelle, ihr Streben nach Abschottung und Konspiration, die brutale Ausmerzung von Verrätern erschwert ihre Enttarnung, Strukturen werden allenfalls verschwommen erkennbar.

In den Staaten Osteuropas haben die politischen Veränderungen und die zum Teil katastrophale wirtschaftliche Situation zu erheblichen Sicherheitsdefiziten geführt, in deren Folge auch im westlichen Europa bisher noch nicht gekannte Herausforderungen für die Innere Sicherheit entstanden sind. Die Polizeibehörden in den osteuropäischen Ländern sind vielfach überfordert. Die staatliche Ordnungsmacht in den Ländern des ehemaligen Ostblocks ist verfallen, ohne daß in bestimmten Bereichen bisher etwas Vergleichbares an deren Stelle getreten wäre. Der Aufbau demokratisch und gleichermaßen effizienter Polizeistrukturen ist bei weitem noch nicht abgeschlossen.

Desolate Lebensverhältnisse und eine gelähmte Wirtschaft tun vor allem in den Nachfolgestaaten der Sowjetunion ein übriges zur Ausbreitung Organisierter Kriminalität. Bezüge zu Bayern haben sich bisher insbesondere über Exilrussen ergeben, von denen sich nicht wenige zu kriminellen Gruppen mit weltweiten Kontakten zusammengeschlossen haben. Sie erpressen Landsleute, die sich in der Bundesrepublik eine Existenz aufgebaut haben. Daneben sind diese hierarchisch aufgebauten Organisationen vor allem in der Herstellung und Verbreitung von Falschgeld sowie im Rauschgift- und Ikonenschmuggel tätig. Rivalisierende Gruppen, vor allem Tschetschenen, schrecken nicht davor zurück, Konkurrenten auch durch physische Vernichtung aus dem Weg zu räumen.

Eines der wichtigsten kriminellen Betätigungsfelder der in Osteuropa vorhandenen OK-Gruppierungen ist die Schutzgelderpressung, insbesondere von in- und ausländischen Gewerbebetrieben. Nach übereinstimmenden Aussagen der Betroffenen ist es derzeit in den GUS-Staaten gängige Praxis, Firmen zu Schutzgeldzahlungen zu nötigen. Aufgrund der Durchlässigkeit der Grenzen und der seit dem 01.01.93 existierenden Reisefreiheit für ehemalige Sowjetbürger haben sich kriminelle Strukturen aus Osteuropa auch auf das Gebiet der Bundesrepublik Deutschland ausgedehnt. Schwerpunkte sind hier insbesondere die neuen Bundesländer und Berlin.

In Bayern leben derzeit etwa 15.000 Bürger aus den Staaten der ehemaligen Sowjetunion. Dies bedeutet gegenüber dem Vorjahr eine Steigerung von etwa 30%. Die Erkenntnisse über verfestigte OK-Strukturen aus den GUS-Staaten in Bayern sind derzeit noch sehr lückenhaft. Es wurde jedoch bekannt, daß osteuropäische Organisationen ihre Aktivitäten in Bayern erheblich steigern wollen. Kriminelle Handlungen durch osteuropäische OK-Gruppierungen in Bayern waren insbesondere in den Deliktsbereichen Menschenhandel, Prostitution, Schutzgelderpressung, internationale Kfz-Verschiebung und Betrug erkennbar. Mitglieder der ukrainischen Mafia und der aus dem Kaukasus stammenden Tschetschenen konnten in Bayern ebenfalls als Straftäter festgestellt werden. Auch bei der Geldwäsche treten russische Staatsangehörige nach deutschen Tatverdächtigen am häufigsten in Erscheinung.

Bei Tätergruppierungen aus dem Bereich des ehemaligen Jugoslawien haben sich durch den lang anhaltenden Kriegszustand Gewaltbereitschaft und Verrohung in erschreckendem Ausmaß entwickelt; dies wird durch die hohe Anzahl der Tatverdächtigen aus dem ehemaligen Jugoslawien im Bereich der Tötungsdelikte (29% aller ausländischen Tatverdächtigen stammten in Bayern 1994 aus den Staaten des ehemaligen Jugoslawien) dokumentiert. Gerade bei den spektakulären Kapitalverbrechen der letzten Zeit zeichneten sich Tatverdächtige aus dem ehemaligen Jugoslawien verantwortlich. Sie stellen nach Auswertung des bayerischen OK-Rasters zwischenzeitlich die stärkste Tätergruppierung im Deliktsfeld der Organisierten Kriminalität dar.

Der *international organisierte Rauschgifthandel* gehört nach wie vor zu den Schwerpunkten der Organisierten Kriminalität. Die immensen Gewinnmargen, die in diesem Deliktsfeld geschrieben werden, stellen immer noch einen der wesentlichsten Anreize für die international Organisierte Kriminalität dar, dieses Betätigungsfeld abzudecken. Die geschätzte weltweite Drogenproduktion umfaßt 500 bis 1.500 Tonnen Kokain, 500 Tonnen Heroin und Tausende Tonnen Cannabisprodukte. Berücksichtigt man den geschätzten Gesamtumsatz der Drogenkartelle von 500 bis 1000 Milliarden Dollar, so wird deutlich, welch ungeheure Geldmengen hier umgesetzt werden. Es handelt sich dabei um Beträge, die man sonst nur bei Staatshaushalten kennt.

Nach einer Studie des Weltdrogenberichts spielt der Drogenhandel bei osteuropäischen Tätergruppierungen eine immer größer werdende Rolle. Nachdem die ehemaligen sowjetischen Staaten Zentralasiens bei der Produktion natürlicher Drogen die Staaten des Goldenen Halbmonds bzw.

des Goldenen Dreiecks fast eingeholt haben, ist zu befürchten, daß sich die ehemalige Sowjetunion zu einem immer bedeutsameren Quellgebiet für Rauschgift entwickeln wird. In den südlichen Republiken der ehemaligen Sowjetunion existieren riesige Anbauflächen für Hanf und Schlafmohn. Nachdem sich dort aus monetären Gründen in absehbarer Zeit wohl kein profitabler Absatzmarkt entwickeln dürfte, steht zu befürchten, daß das dort hergestellte Rauschgift, insbesondere Heroin, zunehmend auf den mittel- und westeuropäischen Markt drängen wird.

Daneben ist Polen für den nordeuropäischen Bereich weiterhin Hauptproduktionsland für synthetische Drogen. Etwa 10% der in Europa beschlagnahmten Amphetamine stammen aus Polen. Man schätzt, daß auf polnischem Territorium etwa 10 bis 20 Labore tätig sind, die illegal Amphetamine, sei es für die Bedürfnisse des Binnenmarktes, sei es für den "Export" erzeugen.

Internationale Kartelle kämpfen um Gewinne und Marktanteile. Türkische Kartelle aus Istanbul oder dem Schwarzmeergebiet suchen neue Wege durch Osteuropa in die Bundesrepublik. Südamerikanische Kokainkartelle landen ihre tödliche Fracht immer noch in den westeuropäischen Industrienationen an. Aufgrund der immensen Rauschgiftmengen können auch durch Großsicherstellungen der Polizei- und Zollbehörden den Kartellen keine tödlichen Schläge versetzt werden. Letztlich sind die Sicherstellungsmengen als Schwund einkalkuliert und bedeuten zumindest mittel- und langfristig keine Verknappung des Angebots. Über die indirekte Beschaffungskriminalität der Süchtigen wirkt sich der Rauschgifthandel auch auf zahlreiche andere Deliktsbereiche, insbesondere die Eigentums- und Vermögenskriminalität aus.

Internationale Kfz-Verschiebung

Der Bereich des Kfz-Diebstahls und der illegalen Kfz-Verschiebung hat sich zu einem weiteren, äußerst schadensintensiven Schwerpunkt des internationalen Organisierten Verbrechens entwickelt. Von den in Deutschland 1993 ca. 160.000 abhanden gekommenen Kraftfahrzeugen wird ein erheblicher Anteil in osteuropäische Staaten verbracht. Als Kuriere werden dabei häufig auch Angehörige ethnischer Gruppierungen eingesetzt. Die enorme Steigerungsrate wird besonders deutlich, wenn man sich vergegenwärtigt, daß seit dem Abbau des "Eisernen Vorhangs" ein Anstieg dieser Delikte um nahezu 190% festzustellen ist.

Illegaler Waffenhandel

Dieses Deliktsfeld wird vor allem dadurch bestimmt, daß aus dem Gebiet der ehemaligen "Warschauer-Pakt-Staaten" Angebote von Kriegswaffen zu Dumpingpreisen in den Westen drängen. Verstärkt wird diese Situation durch den immer noch nicht gelösten Balkankonflikt. Bayern ist dadurch besonders tangiert, da Waffen aus dem Kriegsgebiet des ehemaligen Jugoslawien eingeführt, aber auch für das dortige Gebiet bestimmte Kriegswaffen durch Bayern transportiert werden. Die Massierung von Sicherstellungszahlen an der bayerischen Ost- und Südgrenze ist ein eindeutiger Beleg hierfür. Im Herbst vergangenen Jahres konnten bei einer groß angelegten Sicherstellungsaktion des Landeskriminalamtes in Zusammenarbeit mit den hessischen Behörden im Bereich Traunstein eine Waffenhändlerorganisation ausgehoben und eine große Zahl illegaler Waffen sichergestellt werden. In Ansätzen wird auch in anderen Deliktsbereichen festgestellt, daß bei der Tatausführung vermehrt Kriegswaffen zum Einsatz kommen. So wurden am 27.12.1994 und am 23.01.1995 in München auf das Restaurant eines Jugoslawen Sprengstoffanschläge mittels jugoslawischer Militärhandgranaten verübt.

Schleuserkriminalität

Der krasse Gegensatz zwischen dem Lebensstandard westeuropäischer Staaten im Verhältnis zu jenen in Mittel- und Osteuropa, die zunehmende Verelendung in der Dritten Welt und nicht zuletzt die aus dem osteuropäischen Reformprozeß hervorgegangenen Nationalitätenkonflikte führen zu einem ungeheuren Wanderungsdruck nach Europa.

Seit Öffnung der Grenzen zum ehemaligen Ostblock ist im Deliktsbereich des Menschenhandels beziehungsweise der Prostitution ein erheblicher Anstieg auch in Deutschland zu verzeichnen. Immer mehr Frauen aus der Tschechischen Republik und den angrenzenden Ostblockstaaten werden mit falschen Versprechungen nach Deutschland gelockt und zur Ausübung der Prostitution gezwungen. Mangels Sprachkenntnissen und fehlender Kontaktmöglichkeiten sind die angeworbenen Frauen im Ausland völlig isoliert und den Zuhälterorganisationen bedingungslos ausgeliefert. Die Rotlichtszene ist in der Bundesrepublik zwischenzeitlich nahezu ausnahmslos in der Hand jugoslawischer Täterorganisationen.

Nuklear-Kriminalität

Ein neueres Kriminalitätsphänomen, das sich mit dem Zerfall des Sowjetimperiums herauskristallisiert hat, ist der illegale Handel mit radioaktiven Stoffen. So sind nicht nur im Bundesgebiet sondern auch in Bayern diese Fälle signifikant gestiegen. In den Jahren 1990 bis 1993 mußten im Freistaat Bayern 79 Vorgänge im Zusammenhang mit illegalem Handel radioaktiver Materialien registriert werden. Der wohl spektakulärste Fall wurde im August 1994 in München geklärt. Damals konnten nach operativen polizeilichen Maßnahmen dreihundertfünfzig Gramm Plutonium 239 mit einem Anreicherungsgrad von 87% sichergestellt werden. Nach derzeitigem Ermittlungsstand bestehen keine Zweifel mehr, daß die Materialien, die als waffentauglich einzustufen sind, über Moskau nach München verbracht worden sind.

Auch in diesem Deliktsbereich sind bereits Grundzüge des Organisierten Verbrechens sichtbar. Das Gefahrenpotential, das sich durch keine Kriminalstatistik beschreiben läßt, wird durch den unsachgemäßen und leichtfertigen Umgang der Täter mit diesen Stoffen sowie durch die ersten Sicherstellungen von atomwaffenfähigem Material belegt. Nachdem sich erhebliches atomares Potential unter der Kontrolle von politisch instabilen Ländern befindet, muß damit gerechnet werden, daß sich die Situation zuspitzen und weiteres Kernmaterial illegal in Westeuropa zum Kauf angeboten werden wird.

Das von mir beschriebene internationale Kriminalitätsszenario ist eine permanente Herausforderung für unseren Rechtsstaat und insbesondere seine Sicherheitsbehörden. Daher werde ich die wesentlichen *Bekämpfungsstrategien und -instrumentarien* kurz skizzieren:

Ich hatte von der zunehmenden Internationalisierung des Verbrechens gesprochen; diesem Phänomen muß zwingend mit der Internationalisierung seiner Bekämpfung begegnet werden. Die Reisefreiheit innerhalb Europas und die zunehmenden internationalen wirtschaftlichen Verpflichtungen werden nicht nur in legaler Weise genutzt, sondern begünstigen in vielerlei Hinsicht den Import neuer Kriminalität. Auch Wolfgang Schäuble hat in seinem Buch *"Und der Zukunft zugewandt"* darauf mit den Worten hingewiesen: "Wir werden die Innere Sicherheit in Europa auf Dauer nur gewährleisten können, wenn es zu einer europaweiten Zusammenarbeit der Sicherheitsbehörden kommt".

In der *internationalen Zusammenarbeit* ist Bayern bereits Anfang der neunziger Jahre konsequent auf seine Nachbarstaaten im Osten zugegangen. Nicht immer zum Wohlgefallen von Bundesbehörden wurden zwischenzeitlich Informations- und Zusammenarbeitsvereinbarungen mit den östlichen Nachbarstaaten getroffen. Im Interesse einer schnelleren und effizienteren Bekämpfung der verschiedensten Formen grenzüberschreitender Kriminalität hat Bayern durch Verwaltungsvereinbarungen mit den osteuropäischen Ländern Ungarn, Tschechien, Slowakei, Ukraine, mit Kroatien und der Polizei in Moskau eine Vorreiterrolle auf diesem Gebiet übernommen. Auch mit Slowenien, Bulgarien und Rumänien wurden Absprachen mit dem Ziel einer engen Zusammenarbeit bei der Verbrechensbekämpfung geführt. Die bayerische Polizei leistet hier eine vielfältige Unterstützungs- und Beratungstätigkeit, es finden Informationsbesuche, Seminare und Praktika und ein gegenseitiger Austausch von Informationen zur Verbrechensbekämpfung statt. Darüber hinaus hat Bayern an der Außengrenze zur Tschechischen Republik Grenzbeauftragte eingerichtet, die die grenzüberschreitende polizeiliche Zusammenarbeit fördern und koordinieren sollen. Die ständigen Kontakte zu den Nachbarstaaten sind eine wichtige Voraussetzung, um für die Kriminalitätsbekämpfung auch in unserem Land wichtige Informationen und Anhaltspunkte für Lageveränderungen ebenso zu erhalten wie Ermittlungsansätze in Verfahren gegen international agierende Straftäter.

In enger Zusammenarbeit mit Tschechien und der Slowakei konnten durch das im Landeskriminalamt neu eingerichtete Sachgebiet "Zielfahndung" mehrere Festnahmen von gesuchten Straftätern durchgeführt werden.

In Bayern wird dem *Fahndungsfilter "Grenze"* nach wie vor sehr hohe Bedeutung beigemessen. Auch unter Berücksichtigung, daß die Haupteinwanderungsrisiken an den Ostgrenzen Deutschlands liegen, wird das

Kontrollniveau insbesondere an der bayerischen Ostgrenze aber auch an den südlichen und westlichen Grenzabschnitten weiterhin auf einem leistungsfähigen Stand beibehalten. Neben den stationären Grenzkontrollen werden darüber hinaus neue Fahndungskonzeptionen entwickelt und die Kontrolltätigkeit durch *den Einsatz mobiler Kontroll- und Fahndungsgruppen* im grenznahen Bereich sowie auf internationalen Verkehrswegen intensiviert. Bayern hat als eine der Ausgleichsmaßnahmen im Rahmen des Schengener Durchführungsübereinkommens als einziges Bundesland zwischenzeitlich im *Polizeiaufgabengesetz* eine Rechtsgrundlage dafür geschaffen, daß nach Wegfall der Grenzkontrollen innerhalb der Schengen-Staaten *anlaßunabhängige Kontrollen* im grenznahen Bereich von 30 km sowie auf internationalen Verkehrswegen und Einrichtungen (z.B. Bahnhöfe) durchgeführt werden können.

Im organisatorischen und taktischen Bereich hat die bayerische Polizei Lösungsmöglichkeiten erarbeitet und umgesetzt. Zur Bekämpfung der OK wurden spezielle *Schwerpunktdienststellen* beim Landeskriminalamt und den Präsidien eingerichtet. Zur Bekämpfung der Geldwäsche im LKA ein Sachgebiet für Finanzermittlungen und eine Clearingstelle. Im Deliktsfeld Rauschgiftkriminalität haben die beim LKA angesiedelten Gemeinsamen Ermittlungsgruppen Rauschgift (GER), wo Zoll und Polizei zusammenarbeiten, sich als schlagkräftige Organisationseinheiten erwiesen. International sind die Rauschgiftverbindungsbeamten eine unerläßliche Einrichtung zur Kriminalitätsbekämpfung geworden.

Der Arbeitserfolg der Polizei wird maßgeblich auch durch die technische Ausrüstung mitbestimmt. Sowohl bei den Einrichtungen für die elektronische Beweissicherung als auch bei der EDV-technischen Infrastruktur hat Bayern einen hohen Standard erreicht, ohne den eine moderne Verbrechensbekämpfung nicht mehr möglich wäre.

Bei der Bekämpfung der Kfz-Verschiebung hat Bayern ebenfalls Maßstäbe gesetzt. Die Bayerische Grenzpolizei hat ein besonderes EDV-gestütztes Fahrzeugidentifizierungs- und Nummernauswertungssystem, Ihnen sicherlich in der Kurzform FINAS bekannt, entwickelt. Dieses Fahndungshilfsmittel hat in den vergangenen Jahren maßgeblich dazu beigetragen, daß Bayern überdurchschnittlich hohe Aufgriffe von international verschobenen Kraftfahrzeugen erzielt hat.

Eine weitere grundlegende Voraussetzung ist das notwendige "Handwerkszeug", mit dem die Polizei den neuen Herausforderungen der Kriminalitätsentwicklung begegnen kann. Bayern hat die Entwicklung des *rechtlichen Instrumentariums* z.B. durch Schaffung des Gesetzes zur Bekämpfung des illegalen Rauschgifthandels und anderer Erscheinungsformen der Organisierten Kriminalität *(OrgKG)* vom 15. Juli 1992 oder das Geldwäschegesetz ebenso wie durch die Einführung von Rechtsgrundlagen für die Durchführung *verdeckter Ermittlungsmaßnahmen* und dem *Einsatz technischer Mittel* zur Beweissicherung im Bayerischen Polizeiaufgabengesetz maßgeblich vorangetrieben.

Unbeschadet aller Anstrengungen und Erfolge der bayerischen Sicherheitspolitik muß aber vor allem im supranationalen Bereich noch mehr für eine wirkungsvolle europäische Sicherheitskooperation und -partnerschaft getan werden, um die innere Sicherheit als zentrale Voraussetzung für die Entfaltung persönlicher Freiheit und als Fundament jedes geordneten Gemeinwesens aufrechterhalten zu können. Neben der bereits angesprochenen Notwendigkeit zur Intensivierung der Zusammenarbeit insbesondere mit den Staaten in Mittel- und Osteuropa ist eine zentrale Forderung auch die Schaffung einer effizienten europäischen Polizeibehörde (Europol). Die politischen Diskussionen hierzu werden bereits seit Jahren mit mehr oder weniger Erfolg geführt. Eine zentrale Forderung eines Bundeslandes wie dem Freistaat Bayern lautet dabei, daß eine effiziente Zusammenarbeit und eine Unterstützung in der Verbrechensbekämpfung nur dann sinnvoll funktionieren kann, wenn eine direkte Zusammenarbeit mit dieser zentralen europäischen Polizeibehörde durch bayerische Polizeibehörden wie etwa dem Landeskriminalamt möglich wird. Die teilweise zu langen Informations- und Steuerungswege über Zentralstellen (wie dies beispielsweise im polizeilichen Interpolverkehr als Mangelpunkt in den letzten Jahren häufig aufgetreten ist) verhindern eine schlagkräftige, schnelle und effektive Verbrechensbekämpfung auf internationalem Terrain. Dabei wird von seiten Bayerns auch die Forderung verfolgt, daß die Landeskriminalämter auf die Informationsdatei von Europol einen unmittelbaren Zugriff erhalten müssen.

Weitere Verbesserungen sind auf dem Gebiet der Rauschgiftbekämpfung zwingend erforderlich. Die Festlegung einheitlicher Mindeststandards wäre aus polizeilicher Sicht unerläßlich. Eine Einigung in dieser Hinsicht konnte bisher nicht erzielt werden, weil vor allem die Niederlande an ihrer Politik der Duldung des Kleinhandels mit sogenannten weichen Drogen nach wie vor festhalten, auch wenn in grenznahen Bereichen zwischenzeitlich im kommunalpolitischen Raum erhebliche Widerstände gegen die "Coffee-Shop"-Liberalität aufkommen.

Eine effektive internationale Verbrechensbekämpfung wird in Zukunft auch die Möglichkeit beinhalten müssen, auf unkonventionelle Art und Weise Ermittlungen in Nachbarstaaten durchführen zu können. Im Gegensatz zur Bundesrepublik Deutschland, die z.B. im Bereich der *Nacheile* grundsätzlich Exekutivbeamten aus den benachbarten EU-Ländern ermöglicht, Ermittlungshandlungen vorzunehmen, sehen andere Länder, vor allem Frankreich, diesbezüglich noch massive Vorbehalte.

Die Möglichkeit der unmittelbaren Verbindungsaufnahme und Zusammenarbeit mit Polizeidienststellen der Nachbarländer wäre zwingend erforderlich. Im grenznahen Bereich vor allem in der Zusammenarbeit mit Österreich haben sich in der Vergangenheit pragmatische und wirksame Formen der *Kooperation* finden lassen.

Weitere Pionierarbeit auf diesem Gebiet leistet eine vor kurzem eingerichtete *österreichisch-bayerische Polizeikommission*, die sich mit Fragen der Verbrechensbekämpfung nach dem Beitritt Österreichs zur EU und der Verbesserung von Fahndungsmaßnahmen sowie der Zusammenarbeit im informationellen, EDV-gestützten Bereich befaßt. Neben der Bayerischen Grenzpolizei ist auch das Landeskriminalamt aktiv in die Planungen und konzeptionellen Arbeiten miteingebunden.

Des weiteren wurde auf bayerischer Ebene eine Arbeitsgruppe eingerichtet, die *Ausgleichsmaßnahmen* für den Wegfall der Zollkontrollen nach dem Beitritt Österreichs zur EU am 01.01.1995 und neue Fahndungsmethoden entwickeln soll. Bayern hat auch bei der Einrichtung sogenannter Fahndungskontrolltrupps mit Schwerpunkt im Bereich der Bundesautobahnen eine Vorreiterrolle übernommen.

Zusammenfassung

Die zunehmenden Reisebewegungen, Flüchtlingsströme und Migrationswellen, die überwiegend von Ost nach West verlaufen, begünstigen bei weitgehend offenen Grenzen die Bewegung von Kriminellen im internationalen Raum. Der hohe Anteil ethnischer Gruppierungen in der Bundesrepublik Deutschland stellt sowohl ein hohes Opfer- als auch personelles Rekrutierungspotential für international agierende organisierte Tätergruppierungen dar. Die sich in bestimmten Bereichen verschlechternden Zustände in den osteuropäischen Staaten werden zu einer weiteren Verschärfung der Situation und zu einer Erhöhung der Migrationsbewegungen beitragen. Aus all dem ergibt sich ein hohes Bedrohungspotential für Staat und Gesellschaft.

Nationale Alleingänge zur Problemlösung müssen bereits von Anfang an zum Scheitern verurteilt sein. So hält es auch die Bundesregierung für unbedingt erforderlich, eine Intensivierung der multilateralen Kooperation im Hinblick auf eine grenzüberschreitende Zusammenarbeit mit den östlichen Nachbarstaaten zu forcieren.

Ich bin der festen Überzeugung, daß die Bekämpfung oder zumindest Eindämmung der vielschichtigen Kriminalitätsfelder nur dann Aussicht auf Erfolg hat, wenn sich alle Staaten der ungeheuren Brisanz und Reichweite des Bedrohungspotentials bewußt sind und sich mittel- oder zumindest langfristig einem internationalisierten Bekämpfungsansatz öffnen und dabei in Teilen auch bereit sind, auf nationale Egoismen zu verzichten. Eine effektive Bekämpfung in einem zusammenwachsenden Europa im Jahre 2000 kann und darf nicht so aussehen, daß erneute Kleinstaaterei betrieben wird und dem Rechtsbrecher zwar offene Grenzen uneingeschränkt zur Verfügung stehen, der Polizeibeamte aber nach wie vor an seiner nationalen Grenze haltmachen und den langwierigen Weg der internationalen Rechtshilfe beschreiten muß. Gerade auf diesem Feld bleibt für die Zukunft viel zu tun.

Anforderungen an die Politik der Europäischen Union für die Innere Sicherheit in den Ländern der Bundesrepublik

Erwin Hetger

1. Kriminalgeographischer Raum Europas

Seit dem 01.01.1995 können Halter von Kraftfahrzeugen entscheiden, ob sie Euro-Kennzeichen an ihrem Auto anbringen. Ein Euro-Fighter soll nach Plänen des Bundesverteidigungsministeriums ab 2002 die US-amerikanische Phantom ablösen. Begriffe wie EU-Bürgerschaft, Euro-Signal, Euro-Korps beherrschen unseren Alltag.

Europa in aller Munde, ein politisch geeintes Europa - eine Faszination, für die es sich einzusetzen lohnt.

Aber: Europa birgt nicht nur Chancen, sondern auch Risiken, zumindest solange, wie die Lebensverhältnisse zwischen den europäischen Kern- und Randstaaten so unterschiedlich sind. Ich habe den Eindruck, daß die große Politik diese Risiken oft zu schnell zur Seite schiebt, sie nicht wahr haben will. Dies gilt auch und gerade für den Bereich der Inneren Sicherheit. Wenn ich mir betrachte, wie zäh und mit welch fehlender Konsequenz hier die erkannten Probleme einer Lösung zugeführt werden, kann ich mich des Eindrucks nicht erwehren: Die Politik hat das wichtigste Faktum noch nicht erkannt bzw. will es nicht erkennen: Nämlich Europa ist inzwischen ein einheitlicher kriminalgeographischer Raum, in dessen Zentrum Deutschland als "Drehscheibe" liegt. Die Straftäter agieren grenzüberschreitend; Staatsgrenzen sind für sie kein Hindernis mehr. Anders stellt sich die Situation für die Sicherheitsbehörden dar. Für sie sind Staatsgrenzen - trotz Abbau der Grenzkontrollen - nach wie vor oft nur schwer zu überwindende Barrieren. Muß das so sein ?

Sind steigende Kriminalität und ein verbreitetes Unsicherheitsgefühl bei der Bevölkerung der Preis, den wir alle für die fortschreitende europäische Integration bezahlen müssen ?

Zu registrieren bleibt:

Europa hat in den letzten Jahren sein Gesicht entscheidend verändert. In der Europäischen Union ist die Entwicklung durch wachsende Integration und Kooperation gekennzeichnet. Der Binnenmarkt und der Abbau der Grenzkontrollen innerhalb dieser Staatengemeinschaft schaffen Möglichkeiten und Freiheiten bislang unbekannten Ausmaßes. Zugleich haben sich die Grenzen der Länder des ehemaligen kommunistischen Machtbereichs geöffnet. Die Lage dort ist durch ein hohes Maß an Instabilität gekennzeichnet. An die Stelle der alten staatlichen Ordnung sind of instabile demokratische Strukturen getreten. Insgesamt besteht ein enormes Sozial- und Wohlstandsgefälle zum Westen hin.

Verschärft wird diese Situation nicht zuletzt durch zunehmende Migrationsströme aus den ärmeren Teilen der Erde, und dies führt zu einer multiethnischen strukturellen Gesellschaft in Europa.

Das Kriminalitätsgeschehen spiegelt diese Entwicklung wider. Die wachsende Freizügigkeit wird auch und gerade von Rechtsbrechern genutzt, ja gezielt in ihr Kalkül einbezogen. Man könnte salopp so formulieren, die Rechtsbrecher im Bereich der Organisierten Kriminalität sind die wahren Kosmopoliten. Organisierte Kriminalität zeichnet sich nämlich nicht nur dadurch aus, marktorientiert ihre Gewinne und ihre Macht zu maximieren, sondern auch dadurch, daß sie internationaler agiert und Staatsgrenzen für sie allenfalls noch auf Landkarten existieren.

Dies wird besonders deutlich bei der international organisierten Rauschgiftkriminalität. Cannabisprodukte kommen zum Teil in ganzen Containerladungen aus dem Nahen und Mittleren Osten sowie neuerdings aus dem Süden und Westen Afrikas nach Europa. Bei den bisherigen Großsicherstellungen war Hauptherkunftsland Nigeria. Auf dem Landweg gelangt Haschisch insbesondere über die tschechische und österreichische Grenze nach Deutschland.

Heroin wird vor allem über den Balkan nach Mitteleuropa geschmuggelt. In der Vergangenheit führte die sogenannte Balkanroute aus der Türkei über Bulgarien, Jugoslawien, Österreich nach Deutschland. Nicht zuletzt infolge der politischen Verhältnisse im ehemaligen Jugoslawien hat sich eine neue, die sogenannte "nordöstliche Balkanroute" über Ungarn und die frühere CSR bzw. Polen herausgebildet. Seit dem Verfall der ehemaligen Sowjetunion wird verstärkt Rauschgift auch auf dem Landweg aus dem fernen Osten über Zentralasien nach Europa transportiert. Daneben erfolgt der Heroinschmuggel auf dem Luftweg aus dem Libanon und dem Mittleren Osten durch Kuriere.

Kokain erreicht Europa auf dem Luft- und Seeweg aus Südamerika. Einfallstor ist dabei die iberische Halbinsel. Der Rauschgiftschmuggel auf dem Seeweg wird von den Kartellen bevorzugt, da umfassende Kontrollen wegen des großen Containeraufkommens kaum möglich sind.

Produktion und Handel illegaler Drogen werden heutzutage weltweit durch hochprofessionelle kriminelle Organisationen, wie die Kartelle von Medellin, Cali und Catagena in Kolumbien, türkische Familienclans, chinesische Triaden im Goldenen Dreieck, italienische und russische Mafiagruppierungen und zahlreiche, in den Anbau-, Produktions- und Transitstaaten etablierte Clans gesteuert. Hier bedarf es keiner tiefschürfenden Erkenntnisse, um zu erkennen, daß nationale Bekämpfungsstrategien zu kurz greifen.

Nicht viel anders sieht es bei der Bekämpfung der politisch motivierten Ausländerkriminalität und des internationalen Terrorismus aus. Auch hier benötigen wir gesamteuropäische Bekämpfungsstrategien. Die Entführung der Air-France-Maschine durch vier algerisch-islamische Terroristen an Weihnachten 1994 hat die neue Bedrohung augenfällig werden lassen.

Islamische Terroristen versuchen Europa in ihren Kampf hineinzuziehen, mit unabsehbaren Folgen, auch für Deutschland! In Deutschland leben etwa 20.000 Algerier, hauptsächlich im grenznahen Raum zu Frankreich. Dazu zählen auch Fundamentalisten. Uns liegen derzeit zwar keine konkreten Anhaltspunkte für Aktivitäten der bewaffneten fundamental-islamischen Terroristen aus Algerien GIA (Groups Islamique Armé) bzw. der FIS (Front Islamique du Salut) auf deutschem Boden vor. Aber dennoch sind wir in diese Auseinandersetzung involviert. So belegen einzelne Fakten, daß von hier aus nicht nur eine ideelle, sondern auch eine logistische und eventuell auch finanzielle Unterstützung islamischer nordafrikanischer Kreise erfolgt. Es gibt Hinweise darauf, daß algerische Terrorgruppen von Deutschland aus oder über Deutschland Waffentransporte nach Algerien organisieren.

Seit Khomeinis Revolution im Iran entwickelt sich in Teilen der islamischen Welt ein neues politisch-religiöses Selbstbewußtsein, das den Islam als Herrschaftsinstrument mißbraucht. Europa insgesamt ist hier gefordert. Es muß sich durch eine abgestimmte Strategie darauf einstellen, daß an die Stelle der früheren Ost-West-Konfrontation ein verschärfter Gegensatz zwischen dem christlich-abendländischen Kulturkreis und einem aggressiven Islamismus treten wird.

Nicht weniger besorgniserregend sind die Aktivitäten der verbotenen PKK, der Arbeiterpartei Kurdistans. Diese Organisation hat auch nach dem Verbot europaweit gewalttätige, konspirativ vorbereitete und zentral gesteuerte Aktionen durchgeführt. Auch hierauf muß gesamteuropäisch reagiert werden.

Diese Beispiele belegen, wie wichtig und notwendig ein europaweit abgestimmtes Vorgehen im Bereich der Inneren Sicherheit ist. Die Bewältigung der mit der derzeitigen Sicherheits- und Kriminalitätslage verbundenen Probleme ist zu einer gemeinsamen Aufgabe aller Staaten im neuen kriminalgeographischen Raum Europa geworden.

2. Bestandsaufnahme

Was wurde auf EU-Ebene getan, um die Innere Sicherheit zu gewährleisten ?

Maastrichter Vertrag

Mit der Unterzeichnung des Maastrichter Vertrages am 07.02.1992 hat die polizeiliche Zusammenarbeit der Mitgliedstaaten der Europäischen

Union eine neue Qualität erlangt. Die "Innen- und Justizpolitik" bildet neben der "Europäischen Gemeinschaft" und der "Gemeinsamen Außen- und Sicherheitspolitik", eine eigenständige dritte Säule. Im Gegensatz zur Wirtschaftsunion und der ab 1999 wirksam werdenden Währungsunion sind wir allerdings von einer europäischen Sicherheitsunion noch weit entfernt. Wie die Außenpolitik gehört auch die Innen- und Justizpolitik zu den klassischen Kernbereichen nationalstaatlicher Souveränität. Es wurde das Entscheidungsverfahren der "Regierungszusammenarbeit" (intergouvernementale Zusammenarbeit) gewählt. Dies beläßt den europäischen Organen weniger, den Mitgliedstaaten dafür aber mehr Gestaltungsraum.

Die Kooperation erfolgt in verschiedenen Arbeitsgruppen. So wurden Arbeitsgruppen eingerichtet für

- Terrorismus;
- Polizeikooperation;
- Drogen und Organisierte Kriminalität;
- Europol und
- Zollfragen.

Um der föderalen Struktur der Bundesrepublik Deutschland Rechnung zu tragen, sind auch die Bundesländer in diesen Gremien vertreten. Dies ist notwendig, da hier Polizeiangelegenheiten verhandelt werden, die nahezu ausschließlich in die Zuständigkeit der Bundesländer fallen. Die Effizienz dieser Arbeitsgruppen ist gering. Vielfältige nationalstaatliche Interessen erfordern zeitraubende Abstimmungsprozesse und führen im Ergebnis häufig zu Kompromißlösungen, die uns in der Sache nicht weiterbringen.

EUROPOL

Der Maastricht-Vertrag von 1991 sieht die Einrichtung eines Europäischen Polizeiamtes (Europol) zur Bekämpfung schwerwiegender Kriminalitätsformen vor. Mit der Einrichtung dieser supranationalen Polizeibehörde sind viele Hoffnungen verbunden. Gleichzeitig werden auch Erwartungen geweckt, z.B. eigenständige Ermittlungskompetenzen, die mit Sicherheit aus heutiger Sicht über Jahre hinaus nicht erfüllt werden können.

Bisher hat nur die Europäische Drogenzentrale (EDU) Anfang 1994 in Den Haag ihre Arbeit aufgenommen. In diese Europäische Drogenzentrale haben die EU-Mitgliedstaaten bisher insgesamt 22 Verbindungsbeamte entsandt, die die Rauschgiftbekämpfung in den einzelnen EU-Mitgliedstaaten durch Kriminalitätsanalysen, Erstellen von länderübergreifenden Lagebildern und operativen Koordinierungsmaßnahmen, z.B. bei kontrollierten Rauschgiftlieferungen, unterstützen. Nach dem kürzlich erschienenen Geschäftsbericht über die Tätigkeit der EDU haben die Verbindungsbeamten im Jahr 1994 in insgesamt 595 Fällen mitgewirkt.

Derzeit wird in einer Arbeitsgruppe die völkerrechtliche Konvention für Europol erarbeitet. Obwohl in wesentlichen Sachfragen nocht unterschiedliche Auffassungen bestehen und zu befürchten ist, daß eine Einigung nur auf der Basis des kleinsten gemeinsamen Nenners zustande kommen wird, ist damit zu rechnen, daß die Verhandlungen bis zum EU-Gipfel im Juni dieses Jahres abgeschlossen sein werden.

Es zeichnet sich ab, daß Europol über die Bekämpfung der Drogenkriminalität hinaus auch für

- die Nuklearkriminalität,
- die illegale Schleusung,
- die internationale Kfz-Verschiebung und
- die mit diesen Delikten verbundene Geldwäsche zuständig werden soll.

Anderen Fragen, wie Dienst- und Fachaufsicht, datenschutzrechtliche Kontrollen, Systemarchitektur der Informationssysteme, Befugnisse der Verbindungsbeamten, sind noch weitgehend offen. Trotz der voraussichtlichen Kompromißlösung ist die Einrichtung eines Europäischen Polizeiamtes ein wichtiger Schritt zu einer europäischen Sicherheitsunion.

Schengener Übereinkommen

Am 15.06.1985 vereinbarten im luxemburgischen Schengen Frankreich, Belgien, die Niederlande, Luxemburg und Deutschland ein Übereinkommen, dessen Kernsatz lautet: *"Die Binnengrenzen dürfen an jeder Stelle ohne Personenkontrollen überschritten werden"*. Einig war man sich, daß zur Gewährleistung der Inneren Sicherheit mit dem Wegfall der Grenzkontrollen eine Reihe von Ausgleichsmaßnahmen verwirklicht werden muß, um eine Beeinträchtigung der Sicherheit im Vertragsraum zu verhindern. Das Schengener Durchführungsübereinkommen (SDÜ) hat die Ausgleichsmaßnahmen festgelegt. So wurden strenge Personenkontrollen an den Außengrenzen des Vertragsraumes vereinbart. Als zentrales Fahndungshilfsmittel mußte zunächst ein elektronisches Fahndungsbuch, das Schengener Informationssystem (SIS), geschaffen werden. In ihm werden gesuchte Personen, gestohlene Kraftfahrzeuge, Waffen, Ausweisdokumente und Falschgeld gespeichert. Als weitere Ausgleichsmaßnahmen sind die grenzüberschreitende Nacheile und Observation vorgesehen. Das ursprüngliche Ziel, für alle Vertragsstaaten einheitliche Regelungen für eine räumlich unbegrenzte Nacheile mit Festhalterecht konnte wegen zahlreicher nationaler Vorbehalte nicht erreicht werden, obwohl Deutschland diese Kompetenz allen anderen Partnern einräumt. Damit sind wir vom völkerrechtlichen Grundsatz der Gegenseitigkeit abgewichen. Bisher ist der erhoffte Effekt, daß andere Staaten dem deutschen Beispiel folgen und uns auch weitreichende Kompetenzen einräumen, nicht eingetreten.

Deutsch-französische Zusammenarbeit

Aus der Sicht Baden-Württembergs ist noch zu erwähnen, daß zur Verbesserung der polizeilichen Zusammenarbeit bei der Bekämpfung der grenzüberschreitenden Kriminalität Baden-Württemberg, Rheinland-Pfalz und das Saarland am 12.10.1992 in Metz eine Vereinbarung mit Frankreich unterzeichnet haben. In 28 Punkten sind Maßnahmen der verbesserten grenzüberschreitenden Kooperation vereinbart worden. Ein Netz von Ansprechpartnern, ein intensiver Informationsaustausch, die Entsendung von Beamten allgemein und bei speziellen Anlässen oder die Verbesserung der Kommunikationsmöglichkeiten sind einige Beispiele. Kernstücke sind die Koordinierungsstellen zur Verbrechensbekämpfung im Grenzbereich, die bei den Landeskriminalämtern in Stuttgart, Mainz und Saarbrücken sowie bei der Police Judiciaire in Straßburg eingerichtet werden.

3. Defizite

All diese Maßnahmen haben bisher nicht den entscheidenden Durchbruch für die praktische grenzüberschreitende Zusammenarbeit gebracht. Für den polizeilichen Alltag bleibt die Grenze eine kaum zu überwindende Barriere. Die Regelungen gehen entweder nicht weit genug oder aber sie werden den Anforderungen der polizeilichen Praxis nicht gerecht.

Gerade die besonders wichtige grenzüberschreitende Nacheile und Observation sind - wie bereits angedeutet - einer Vielzahl einschränkender Bedingungen unterworfen.

Erhebliche Defizite sehe ich auch im Bereich der Rechtshilfe in Strafsachen. Das SDÜ ermöglicht nur den Justizbehörden den direkten Geschäftsverkehr mit Stellen anderer Staaten. Die Polizei ist hiervon weitgehend ausgenommen.

Der derzeit vorgeschriebene polizeiliche Dienstweg sieht zudem vor, daß der gesamte Geschäftsverkehr mit dem Ausland, auch in Strafsachen, über das Bundeskriminalamt als nationale Zentralstelle läuft. Dieses Verfahren führt, nicht zuletzt wegen des inzwischen stark angestiegenen Aufkommens, zu unzumutbaren Verzögerungen bei der Bearbeitung. Im Einzelfall ist der Ermittlungserfolg in Frage gestellt.

Es kann nicht sein, daß eine einfache Anfrage zu einem Fahrzeughalter, die auf direktem Wege in Minuten beantwortet werden könnte, auf den vorgegebenen Wegen teilweise mehrere Monate unterwegs ist. Es ist einem Polizeibeamten in Kehl nicht verständlich zu machen, warum er nicht unmittelbar mit dem französischen Kollegen in Straßburg dienstlich verkehren kann.

Aber das ist die heutige Situation in Westeuropa. Noch weitaus unbefriedigender gestaltet sich der Rechtshilfeverkehr mit den Staaten Mittel- und Osteuropas. Die Vertragslage ist uneinheitlich und lückenhaft, der Rechtshilfeverkehr wird nur schleppend abgewickelt; zum Teil werden Ersuchen gar nicht beantwortet.

In der polizeilichen Praxis haben sich deshalb längst im Osten wie im Westen direkte Kommunikationswege in einer rechtlichen Grauzone etabliert. Die Beamten sehen oft keinen anderen Ausweg, als nach dem Prinzip der Selbsthilfe vorzugehen. Dies mag einer beschleunigten Fallaufklärung dienlich sein, kann aber so nicht hingenommen werden. Die EU-Politik darf die Praxis mit ihren Problemen nicht allein lassen; sie muß den Bedürfnissen der Praxis entsprechende Rahmenbedingungen schaffen.

Noch sind die Binnengrenzkontrollen nicht vollständig abgebaut, schon tun sich Schwierigkeiten auf, die so nicht erwartet worden sind.

Das kann an einem aktuellen Beispiel der illegalen Einschleusung von Asylbewerbern über die Grenze zu Frankreich aufgezeigt werden:

Uns liegen Erkenntnisse vor, wonach die massive Verstärkung der grenzpolizeilichen Präsenz an der deutschen Ostgrenze als EU-bzw. Schengen-Außengrenze zu einer Umleitung illegaler Migrationsströme über die Westgrenze geführt hat. Bei Schwerpunktkontrollen des BGS entlang der Grenze zu Frankreich hat sich gezeigt, daß seit Dezember 1994 in erheblichem Umfang Kosovo-Albaner und türkische bzw. irakische Kurden versuchen, illegal einzureisen. Sie benutzen in der Regel die Fährverbindung Bar/Bari und gelangen so von Montenegro über die Adria nach Italien. Von dort aus erfolgt der meistens von Schleusern organisierte Weitertransport mit Bussen und Kleinbussen auf dem Landweg über die italienisch-französische Grenze nach Deutschland, und hier insbesondere auch nach Baden-Württemberg. Nur am Rande sei bemerkt: Wo bleibt hier die verstärkte Kontrolle an der Schengener Außengrenze ?

Aufgrund dieser Erkenntnisse hat das BMI die Überwachungs- und Kontrollaktivitäten im deutsch-französischen Grenzgebiet intensiviert und die Einsatzkräfte des BGS verstärkt.
Aber mit Wirksamkeit des SDÜ seit dem 26.03.1995 dürfen die Binnengrenzen des Vertragsraumes an jeder Stelle ohne Personenkontrollen überschritten werden. So bestimmt es Artikel 2 Absatz 1 SDÜ. Den zuständigen Grenzbehörden ist es danach grundsätzlich verwehrt, überhaupt noch Binnengrenzkontrollen durchzuführen. Lediglich nach Artikel 2 Absatz 2 SDÜ besteht die rechtliche Möglichkeit, den sachlich zuständigen BGS nach "Konsultation" der übrigen Schengener Partner zeitlich begrenzt nationale Grenzkontrollen an den Binnengrenzen

durchführen zu lassen. Voraussetzung dafür ist, daß "die öffentliche Ordnung oder die nationale Sicherheit dies erfordern".

Das heißt: Trotz des Wegfalls der Binnengrenzkontrollen wird der BGS auch künftig lagebedingte Grenzkontrollaufgaben an den Grenzen wahrnehmen müssen. Denn das aufgezeigte Beispiel belegt, daß die Kontrollen an den Schengen-Außengrenzen unseren Sicherheitsinteressen noch in keiner Weise gerecht werden. Ich habe den Eindruck, die verstärkten Kontrollen an den Außengrenzen stehen bisher weitgehend nur auf dem Papier, spielen also praktisch eine untergeordnete Rolle. Ja ich kann mich des Eindrucks nicht erwehren: andere Staaten lassen illegale Migrationsströme laufen, um sich so des Problems im eigenen Land zu entledigen.

Ein weiteres Beispiel, das und in Baden-Württtemberg tangiert und aufzeigt, welch unbefriedigende Resultate die europäische Einigung für die Sicherheitsbehörden mit sich bringt.

Wie Sie wissen, wird die Schweiz auf absehbare Zeit der EU nicht beitreten und kann deshalb auch an internationalen Vereinbarungen wie Schengen nicht teilhaben. Aufbau und Betrieb von Europol als Einrichtung der EU laufen aus diesem Grund ebenfalls ohne schweizerische Beteiligung. Nach meiner Auffassung kann ein Land in der Mitte Europas hier nicht länger außen vor bleiben. Die polizeiliche Zusammenarbeit mit Nicht-EU-Staaten wie eben der Schweiz bedarf dringend der vertraglichen - evtl. der bilateralen - Regelung. Dies ist bislang daran gescheitert, daß der Bund sich einerseits unter Hinweis auf die Verfassung weigert, den Ländern ein Verhandlungsmandat zu erteilen und andererseits selbst notwendig erachtete Regierungsabkommen noch nicht abgeschlossen hat. Wir würden mit der Schweiz gerne Absprachen und Vereinbarungen für eine vernünftige grenzüberschreitende polizeiliche Kooperation treffen. Nach Auffassung des Bundes haben wir - die Länder - dazu keine Kompetenz. Aber er selbst bringt seit über zwei Jahren eine von ihm für notwendig angesehene Rahmenvereinbarung nicht zustande, die uns die Möglichkeit eröffnen würde, konkretisierende und ausfüllende Absprachen mit der Schweizer Seite zu treffen. Ein unbefriedigender Zustand !

Die europäische Einigung, der europäische Integrationsprozeß kann nur vorankommen und auch die notwendige Akzeptanz bei den Bürgern finden, wenn es gelingt, die damit verbundenen Sicherheitsfragen zufriedenstellend zu beantworten. Dies ist bis heute nicht geschehen ! Die Länderinteressen und damit die Vorstellungen und Bedürfnisse der Länderpolizeien müssen stärker in ein umfassendes europäisches Konzept für die Innere Sicherheit einfließen. Dies hätte zur Folge - und in diese Richtung besteht enormer Handlungsbedarf -, daß die Zusammenarbeit praxisorientierter erfolgen würde. In diesem Sinne bedarf es eines abgestimmten europäischen Sicherheitsprogrammes.

4. Forderungen an die EU-Politik

Lassen Sie mich die wichtigsten Forderungen an die EU-Politik für die Innere Sicherheit aus meiner Sicht thesenartig darstellen:

- *Eine Rechtsharmonisierung ist unverzichtbar*

Die Grundvoraussetzung für eine Erleichterung und Intensivierung der grenzüberschreitenden Zusammenarbeit sind möglichst einheitliche strafrechtliche, strafprozessuale und datenschutzrechtliche Vorschriften. Ich denke z.B. daran, daß wir gerade zu neuen Formen internationaler Kriminalität keine annähernd gleichlautenden Strafgesetze haben, ja daß zu einzelnen Bereichen in manchen Mitgliedstaaten der EU überhaupt noch keine Strafvorschriften bestehen. So bekämpfen die Mitgliedstaaten der EU den illegalen Handel mit radioaktiven Stoffen und biologischen sowie chemischen Waffen, das illegale Einschleusen von Arbeitnehmern, den Organhandel, bestimmte Bereiche der Computerkriminalität und die Umweltkriminalität wie z.B den Mülltourismus einerseits mit Strafgesetzen, andererseits mit Steuer- und Finanzvorschriften, teilweise mit einfachen Verwaltungsvorschriften - und häufig überhaupt noch nicht. Da aber gemeinsame internationale Verbrechensbekämpfung angeglichene Standards bei den Strafbestimmungen in den beteiligten Staaten voraussetzt, ist eine Zusammenarbeit über die Grenzen hinweg bei diesen modernen Verbrechensformen nur sehr eingeschränkt möglich und findet tatsächlich auch kaum statt.

- *Wir brauchen eine verbesserte Rechtshilfe in Strafsachen unter Einbeziehung der Staaten Mittel- und Osteuropas.*

Grundsätzlich muß der unmittelbare grenzüberschreitende Geschäftsweg zwischen den Polizeidienststellen eröffnet werden. Polizeibeamte in Baden-Württemberg müssen direkt mit Kollegen der Gendarmerie jenseits der Grenze in Frankreich kommunizieren dürfen. Geschäftsweg über Zentralstellen in Bund und Ländern sind zu zeitaufwendig und umständlich. Das organisierte Verbrechen nutzt diese der Polizei aufgebürdeten bürokratischen Hemmnisse gezielt für seine Machenschaften. Wir hinken hinterher. Auch mit den osteuropäischen Staaten müssen zwischenstaatliche Vereinbarungen zur Verbesserung des Rechtshilfeverkehrs getroffen werden. Hier können die bei uns in Baden-Württemberg mit Frankreich vereinbarten Regelungen als Orientierung dienen.

- *Zwischen allen Staaten der EU muß ein systematischer Informationsaustausch stattfinden.*

Eine konsequente Bekämpfung der international operierenden Kriminalität erfordert EU-weit einen intensiven, umfassenden Informationsaustausch, wobei alle betroffenen Behörden und Stellen einzubeziehen sind. Nur dann wird es möglich sein, im Einzelfall rasch alle Informationen zusammenzuführen, um zielorientiert handeln zu können.

- *Es muß ein europäischer Fahndungsverbund für den kriminalgeographischen Raum Europa geschaffen werden.*

Ziel muß es sein, das Schengener Informationssystem zu einem Europäischen Informationssystem fortzuentwickeln. Wir brauchen dringend einen europaweiten Zugriff auf die wichtigsten Fahndungsdaten aller europäischen Sicherheitsbehörden.

Darüber hinaus ist die EU-Politik gefordert, die Voraussetzungen dafür zu schaffen, daß die grenzüberschreitende Fahndung auf örtlicher Ebene verbessert wird. Dies könnte durch bilaterale Fahndungstrupps erreicht werden. Ich könnte mir vorstellen, daß ein französischer und ein baden-württembergischer Polizeibeamter im Grenzgebiet gemeinsam auf Fahndungsstreife gehen.

- *Europas Innere Sicherheit steht und fällt mit einer intensiven polizeilichen Zusammenarbeit mit den mittel- und osteuropäischen Staaten.*

Gerade im Bereich der Drogenkriminalität, der illegalen Verschiebung von gestohlenen oder unterschlagenen Kraftfahrzeugen sowie beim illegalen Handel mit radioaktiven Stoffen sind die mittel- und osteuropäischen Staaten oft ganz ungewollt Transit-, Vorbereitungs- und Ruheräume für die Straftäter.

Um die Zusammenarbeit mit diesen Staaten zu verbessern, muß sie institutionalisiert werden. Ich denke hier an die Einrichtung eines "Sicherheitsrates Ost-West". Damit könnten alle betroffenen Staaten an einen Tisch gebracht werden. In einer solchen Runde könnten die notwendigen Voraussetzungen für eine wirkungsvolle, polizeiliche Zusammenareit gemeinsam geschaffen werden. Fehlentwicklungen könnten vermieden und die Weichen für eine Rechtsharmonisierung rechtzeitig gestellt werden.

- *Europol muß schwerpunktorientiert ausgebaut werden.*

Europol darf nicht im jetzigen Stadium stecken bleiben. Der reine Informationsaustausch zur Bekämpfung der international operierenden Kriminalität reicht auf Dauer nicht aus.
Europol ist die geeignete zentrale Stelle, um die verschiedensten Kriminalitätsbereiche in einem möglichst zeitnahen Euro-Lagebild zusammenzufassen. Europol muß in die Zuständigkeit der Europäischen Gemeinschaft übergeführt werden und über kurz oder lang eigene Ermittlungszuständigkieten erhalten. Ich denke dabei nicht an eine *"Superfahndungsbehörde"*. Den Schwerpunkt von Europol sehe ich vielmehr im strategischen Bereich. Ich könnte mir für die Zukunft vorstellen, daß EUROPOL auf der Grundlage ständiger Informationssammlung und -auswertung die Polizeibehörden der Mitgliedstaaten auf parallele Ermittlungen hinweist, Verfahren miteinander verknüpft und so de facto koordinierende Funktion ausübt.

Darüber hinaus sollte Europol Ermittlungszuständigkeiten erhalten, allerdings nur für Straftaten von EU-weiter Relevanz. Es muß auch mit Blick auf Europa dabei bleiben, daß die Kriminalitätsbekämpfung primär und zuvörderst Länderangelegenheit bleibt. Dafür spricht klar und eindeutig die bessere Personen- und Ortskenntnis der örtlichen Sicherheitsbehörden. Für die Bundesländer ist zudem von zentraler Bedeutung, daß der föderale Aufbau der Bundesrepubik Deutschland und die damit einhergehende überwiegende Zuständigkeit der Länder für die Verbrechensbekämpfung bei den Verhandlungen zur Europol-Konvention berücksichtigt wird. Deshalb muß

- ein unmittelbarer Zugriff der Länder auf das Informationssystem von Europol und
- die direkte Inanspruchnahme der Europol-Verbindungsbeamten durch die Länder realisiert werden.

- *Es müssen einheitliche technische Standards für die Sicherheitsbehörden in Europa geschaffen werden.*

Es ist wohl unumstritten, daß die Effektivität polizeilicher Arbeit in nahezu allen Bereichen vom adäquaten Einsatz moderner Technik abhängt. Dieser Aspekt muß aauch bei der grenzüberschreitenden polizeilichen Kooperation beachtet werden. So muß im Bereich der Funktechnik auf eine technische Kompatibilität hingearbeitet werden. Bisher wird diese Zielsetzung in den EU-Staaten weitgehend vernachlässigt.

Für die französische Gendarmerie und die Police Nationale werden zur Zeit zwei flächendeckende digitale Funknetze mit einem Aufwand von ca. 2 Mrd. DM aufgebaut. In Tschechien wurde bereits eine Systementscheidung für ein digitales Funknetz getroffen. Benelux, Spanien, Portugal und Italien stehen zum Teil kurz vor entsprechenden Systementscheidungen.

Dies geschieht alles, ohne daß bislang europäische Standards für ein digitales Sprech- und Datenfunknetz existieren. Und gerade jetzt, wo die Systementscheidungen in den Ländern anstehen, wäre der Zeitpunkt günstig, sich auf europaweite Standards zu einigen.

- *Wir brauchen ein gemeinsames Bildungssystem für die europäischen Polizeien.*

Mit der Schaffung einer europäischen Polizei-Führungsakademie könnte eine einheitliche Ausbildung der Polizeiführung in Europa sichergestellt werden. In einer solchen Enrichtung könnten auch durch gemeinsame Fortbildungsveranstaltungen wichtige Kenntnisse über die rechtlichen Gegebenheiten in anderen Staaten, über die Aufgabenverteilung sowie die

Entscheidungsstrukturen in anderen Polizeien sowie über die Mentalität und Gewohnheiten von Menschen anderer kultureller Tradition vermittelt werden.

- *Die kriminalistisch-kriminologische Forschungsarbeit muß auf europäischer Ebene abgestimmt und koordiniert werden.*

Ziel muß es sein, europaweit sozusagen "taufrische" Technologieschübe sowie geistes- und sozialwissenschaftliche Erkenntnisse umgehend aufzugreifen, für polizeiliche Zwecke nutzbar zu machen und weiterzuentwickeln. Die DNA-Analyse, die Analyse des "genetischen Fingerabdrucks", ist dafür ein gutes Beispiel.

Die Vorteile einer auf europäischer Ebene abgestimmten und koordinierten kriminalistisch-kriminologischen Forschungsarbeit liegen nicht nur in der Erweiterung des Erkenntnisstandes. Auch in der Kostenersparnis, in der Erschließung neuer Datenquellen und in der Vermeidung von zeit- und personalaufwendigen Doppeluntersuchungen wären günstige Effekte zu erzielen.

- *Schließlich müssen die nationalen Präventionsbemühungen von einem EU-weiten Abstimmungs- und Austauschprozeß begleitet werden.*

Dadurch lassen sich Impulse für neue Präventionsansätze gewinnen. Was in Dänemark mit gutem Erfolg präventiv bewirkt wird, muß bei uns nicht erst vom Ansatz her konzeptionell neu erarbeitet werden. Erfolgreiche Präventionskonzepte können von anderen Ländern übernommen, Erkenntnisse und Erfahrungen müssen ausgetauscht werden. Ich könnte mir vorstellen, daß wir z.B. in Baden-Württemberg mit Frankreich gemeinsam Präventionskonzepte für die Grenzregion entwickeln.

Dies alles sind auf der einen Seite aus der Praxis heraus für notwendig angesehene Maßnahmen, um Sicherheitsdefizite zu vermeiden bzw. zu beseitigen. Auf der anderen Seite bin ich mir im klaren, daß evtl. noch lange vieles Wunschvorstellung bleibt. Aber ich glaube, die Entwicklung der Inneren Sicherheit in Europa wird auch die Politik - evtl. schon bald - zu der Einsicht bringen, daß Handlungsbedarf besteht. Die Zeit des Überlegens, des Prüfens, ja der nationalen Vorbehalte ist abgelaufen; der Zeitpunkt des Handelns ist gegeben. Wer für ein politisch geeintes Europa eintritt und damit ernst machen will, muß auch die Sicherheitsprobleme lösen. Die Bürgerinnen und Bürger registrieren äußerst sensibel, ob Sicherheitsdefizite hingenommen oder beseitigt werden. In Europa muß deshalb ein stärkeres Gewicht auf die Stärkung der Inneren Sicherheit gelegt werden. Eine höhere Akzeptanz bei der Bevölkerung für ein politisches geeintes Europa wird die Konsequenz sein.

III.

Das "Schengener Abkommen" und "EUROPOL"-
Grundmodelle einer "Sicherheitsunion" ?

Erfahrungen nach dem Inkrafttreten des Schengener Abkommens

Frieder Birzele

1. Einführung: Inhalt der Schengener Abkommen

Der Name "Schengen" ist mittlerweile zum Synonym geworden für eine ganze Fülle von Bildern, die je nach politischem Standpunkt vor dem geistigen Auge auftauchen, wenn dieses Wort fällt: offene Grenzen und ein ungehinderter Personenverkehr in Europa auf der einen Seite, das Schreckbild einer schutzlos daliegenden Nation, in die alles Böse dieser Welt freien Zutritt hat, auf der anderen Seite. Neben der Wirtschafts- und Währungsunion ist der Inhalt der Schengen-Abkommen, also die Frage der Inneren Sicherheit und der Zuwanderung, wohl *das* europapolitische Thema, das die Menschen bei uns am meisten beschäftigt. Dabei sind viele eher gespalten in ihrer Haltung zu diesem Thema: Auf der einen Seite hat wahrscheinlich jeder schon einmal im Stau vor einem Grenzübergang gestanden und sich gewünscht, genauso unkompliziert nach Straßburg oder Amsterdam fahren zu können wie nach München oder Frankfurt. Auf der anderen Seite sind mit dem Wegfall der Grenzen bei vielen Menschen auch Ängste entstanden, die wir selbstverständlich ernst nehmen müssen. Diese Ängste beziehen sich zum einen auf das Bild reisender Verbrecherbanden, die nun ungehindert von einem Land ins andere wechseln und sich so dem Zugriff der nationalen Polizei entziehen können. Diese Ängste beziehen sich aber auch auf das Problem der unkontrollierten Zuwanderung, in dem viele Menschen nach wie vor eine der größten Herausforderungen für die reichen Länder Europas sehen.

Was genau beinhalten nun die Schengener Abkommen?

Am 15. Juni 1985 haben Frankreich, Belgien, Niederlande, Luxemburg und Deutschland das *"Schengener Übereinkommen betreffend den schrittweisen Abbau der Grenzkontrollen an den gemeinsamen Grenzen"* unterzeichnet, das in der Folge kurz "Schengen I" genannt wurde. Längerfristiges Vertragsziel war, auf Kontrollen an den Binnengrenzen zu verzichten und diese an die Außengrenzen zu verlagern. Italien, Spanien, Portugal, Griechenland und zuletzt Österreich sind mittlerweile beigetreten. Dänemark hat Beobachterstatus, Aufnahmeverhandlungen mit weiteren Ländern sind im Gange.

Die Schengener Vertragsstaaten waren sich einig: Der vollständige Abbau der Binnengrenzkontrollen darf nicht um den Preis geringerer Sicherheit erkauft werden. Mit dem Schengener Durchführungsübereinkommen, kurz "Schengen II", wurde deshalb ein umfangreiches Paket von Ausgleichsmaßnahmen geschnürt, das - nach mehrfacher Verzögerung - am 26. März 1995 in den Erstunterzeichnerstaaten sowie in Spanien und Portugal in Kraft trat.

Die wichtigsten Ausgleichsmaßnahmen sind:

- Intensive und einheitliche Mindest-Kontrollstandards an den Schengen-Außengrenzen;
- Harmonisierung der sicherheitsrelevanten Rechtsbereiche wie z. B. Ausländer-, Asyl- (insbesondere Visabestimmungen!), Waffen- und Betäubungsmittelrecht;
- Einführung eines gemeinsamen Fahndungsverbundes in Form des Schengener Informationssystems (SIS);
- Vereinfachung des polizeilichen Informationsaustausches;
- Regelungen zur Observation und Nacheile auch über die Grenzen hinweg und
- Verbesserungen der justitiellen Zusammenarbeit, insbesondere auf dem Gebiet der Rechtshilfe und bei Auslieferungsersuchen.

Mein Beitrag wird sich konzentrieren auf die Erfahrungen, die wir im Land Baden-Württemberg nach Inkrafttreten des Schengener Abkommens gemacht haben. Dabei werde ich einmal die Auswirkungen des Schengener Abkommens auf die Sicherheitslage in unserem Bundesland darstellen, zum anderen werde ich versuchen, eine erste Zwischenbilanz zur Wirksamkeit der Ausgleichsmaßnahmen zu geben, wobei ich auch auf konkrete Defizite eingehen und Forderungen für die Zukunft formulieren werde. Zunächst werde ich kurz die Rahmenbedingungen umreißen, die sowohl die Konzeption des Schengener Abkommens als auch die konkrete Umsetzung bestimmen.

2. Rahmenbedingungen

Europa hat in den letzten Jahren sein Gesicht entscheidend verändert. Zum einen hat der Europäische Binnenmarkt den größten Binnenmarkt der Welt geschaffen mit all den unbestreitbaren Vorteilen und Chancen, die das für unsere wirtschaftliche Zukunft und für den Wohlstand der Menschen hat. In wenigen Tagen werden - so hoffe ich - in Madrid die Entscheidungen getroffen, die den Fahrplan und die Zugangskriterien für die Wirtschafts- und Währungsunion verbindlich festlegen. Für einen Kontinent, der jahrhundertelang von einer kriegerischen Auseinandersetzung in die nächste gestürzt ist, bietet sich damit die realistische Perspektive, das nächste Jahrhundert geeint und friedlich zu gestalten.

Die europäische Einigung hat für die Menschen Europas Möglichkeiten und Freiheiten geschaffen, die vor wenigen Jahrzehnten noch nicht einmal in den kühnsten Visionen auftauchten. Zugleich ist mit dem Zerfall der kommunistischen Ordnung in Osteuropa die Möglichkeit entstanden, dieses Einigungswerk nicht mehr unter der ständigen Bedrohung durch den Ost-West-Konflikt anzugehen, sondern mittel- und langfristig auch die Staaten Ost- und Südosteuropas miteinzubeziehen.

2.1 Problem: Die Entwicklung in Osteuropa

Doch das, was wir alle so lange gewollt und schließlich so begeistert begrüßt haben, nämlich die politische und wirtschaftliche Öffnung der Staaten Osteuropas, hat auch wiederum neue Probleme geschaffen, denen wir uns stellen müssen. An die Stelle der alten staatlichen Ordnungen sind oft nur instabile demokratische Strukturen getreten. Die Bevölkerung dieser Länder steckt mitten in einem tiefgreifenden Umbruchprozeß, der alle Bereiche von Staat und Gesellschaft erfaßt. Die Auswirkungen dieses Umbruches sind für viele Menschen in diesen Ländern sehr schmerzhaft: Die Arbeitslosigkeit steigt, die Preise steigen ebenfalls, die Reallöhne sinken, die wirtschaftlichen Perspektiven sind mehr als ungewiß. Gleichzeitig sehen Menschen in diesen Ländern direkt vor ihrer Haustür einen für ihre Begriffe fast schon märchenhaften Wohlstand, der für sie aber bis auf weiteres unerreichbar ist.

Eine Folge dieser Entwicklung ist ein anhaltend hoher Migrationsdruck aus diesen Ländern und zudem eine neue Dimension der Kriminalität. Der starke Anstieg der Kriminalität, den wir von 1991 bis 1993 beobachten mußten, war fast ausschließlich bedingt durch die importierte Kriminalität aus Ost- und Südosteuropa.

2.2 Problem: Organisierte Kriminalität

Der Anstieg der Organisierten Kriminalität ist ein weiteres Problem. Ein wesentliches Kennzeichen dieser Kriminalitätsform ist auch ihr grenzüberschreitender Charakter. In 66 % der bundesweit aufgedeckten Fälle Organisierter Kriminalität konnten den Tätern internationale Verbindungen nachgewiesen werden. Europa, einst als gemeinsamer Wirtschaftsraum entworfen, ist heute längst auch ein einheitlicher kriminalgeographischer Raum. Dieser Tatsache müssen wir uns stellen. Die deutsche Einheit und die Öffnung der mittel- und osteuropäischen Staaten gegenüber dem Westen haben Deutschland in die Mitte Europas gerückt. Deutschland wird dabei mehr und mehr zur Drehscheibe des internationalen Verbrechens. Diese Art der Kriminalität hat sich jedoch - und das ist ein wichtiger Aspekt unseres Themas heute abend - noch nie von nationalen Grenzen beeindrucken lassen.

Ein strukturelles Problem bei der europaweiten Bekämpfung der Kriminalität lag bisher darin, daß sich die Idee der europäischen Einigung in erster Linie aus wirtschaftlichen Interessen gespeist hat. Europa war eben zunächst "nur" Wirtschaftsgemeinschaft. Denken Sie an die EG für Kohle und Stahl 1951 (Montanunion) bzw. an die Europäische Wirtschaftsgemeinschaft EWG 1957 als eine *"überstaatliche Gemeinschaft zur Errichtung eines gemeinsamen Marktes und zur Angleichung der Wirtschaftspolitik der Länder"*.

Heute ist Europa längst auf dem Weg zu einer politischen Union. Etliche Meilensteine auf dem Weg dorthin, etwa die Schengener Abkommen I und II oder der "Maastricht-Vertrag" liegen hinter uns. In weiten Teilen ist der europäische Binnenmarkt bereits verwirklicht.

Was wir aber nicht haben, ist ein *einheitliches Europa im Bereich der Inneren Sicherheit.* Sie wissen, daß das Schengener Vertragswerk nicht innerhalb des rechtlichen Rahmens der Europäischen Union abgeschlossen wurde, sondern in der Form eines zwischensstaatlichen Übereinkommens. Seit jeher hinken wir hier der wirtschaftlichen Dynamik des europäischen Einigungsprozesses hinterher. Nicht mehr meilenweit, aber immer noch mit großem Abstand. Hier müssen wir gleichziehen! Dringender denn je brauchen wir eine *Europäische Sicherheitsunion.*

3. Entwicklung der Kriminalität in Baden-Württemberg und im Grenzgebiet zu Frankreich

In der Diskussion über die Folgen der offenen Grenzen in Europa wird oft mit irrationalen Ängsten gespielt. Manche Zeitungsberichte und Fernsehreportagen erwecken den Eindruck, als sei man in den Grenzregionen seines Lebens nicht mehr sicher. Es wird ein Bild gezeichnet, als ob ein ständiger Strom von Kriminellen die offenen Grenzen nutzt, um bei uns Straftaten zu begehen und sich dann über die Grenze wieder in Sicherheit bringt.

Wenn Sie die öffentliche Diskussion hierzu verfolgen, stellen Sie rasch fest, daß hier nicht selten völlig unterschiedliche Sachverhalte miteinander vermischt werden. Teilweise geschieht dies aus schlichter Unkenntnis, oft aber auch aus durchsichtigen Motiven. Um hier nicht vordergründigen Scheindebatten aufzusitzen, müssen die Dinge differenziert betrachtet werden. Dazu gehört es, drei völlig unterschiedliche Aspekte der Materie zu unterscheiden: Die sog. grenzüberschreitende Kriminalität, dann die Kriminalität im Grenzgebiet und schließlich die sog. Grenzkontrolldelikte.

Grenzüberschreitende Kriminalität liegt vor, wenn der Täter seinen - auch vorübergehenden Wohn- oder Aufenthaltsort im Ausland hat und hier bei uns unter Ausnutzung der Grenznähe eine Straftat begeht. Das ist also der Fall, wenn ein Autodieb aus Frankreich nach Deutschland einreist, hier bei uns ein Auto stiehlt und sich dann wieder nach Frankreich absetzt, um der deutschen Polizei zu entgehen.

Unter *Kriminalität im Grenzgebiet* verstehen wir die Gesamtzahl der Straftaten in den Stadt- und Landkreisen entlang der Grenzen, unabhängig davon, wer die Straftaten begeht.

Mit dem Begriff *Grenzkontrolldelikte* sind schließlich alle Straftaten gemeint, die bei einer Kontrolle des einreisenden und ausreisenden Verkehrs an der Grenze festgestellt werden. Zu über 90 % handelt es sich hierbei um Vergehen gegen das Ausländer- und Asylverfahrensgesetz sowie um Urkundenfälschungen, die meistens damit einhergehen. Dazu gehören aber auch Zolldelikte.

3.1 Zur grenzüberschreitenden Kriminalität

Wir sollten uns in diesem Zusammenhang klar machen, warum gerade über grenzüberschreitende Kriminalität so intensiv diskutiert wird. Das ist zum einen darauf zurückzuführen, daß es unserem Gerechtigkeitsempfinden völlig widerspricht, wenn ein Krimineller eine Straftat begeht und nur deshalb nicht gefaßt wird, weil er über die Grenze entkommt. Besonders ärgerlich wird dies natürlich dann, wenn die Grenze für den Kriminellen gar nicht mehr existiert, für die ihn verfolgende Polizei aber sehr wohl.

Doch es gibt auch andere Motive, dieses Thema hochzuziehen: Für diejenigen, die den Abbau der Grenzen in der Europäischen Union schon immer mit Mißtrauen beobachtet haben und die sich nach einem Europa der Nationalstaaten zurücksehnen, ist das Phänomen grenzüberschreitender Kriminalität ein willkommenes Argument, um gegen die europäische Einigung Front zu machen.

Wie aber sehen die Fakten aus?

Die Kriminalität im deutsch-französischen Grenzgebiet von Baden-Württemberg (also in den Landkreisen entlang der französischen Grenze von Lörrach bis Karlsruhe) ist in den letzten 10 Jahren um 9 % angestiegen. Demgegenüber hat die Kriminalität in ganz Baden-Württemberg im gleichen Zeitraum um immerhin 13,7 % zugenommen. Die Kriminalität im Grenzgebiet ist also im gleichen Zeitraum deutlich weniger stark gestiegen als im übrigen Baden-Württemberg - und das, wohlgemerkt, obwohl die Grenzkontrollen zu Frankreich bereits von 1985 an sukzessive abgebaut wurden, und es einen zumindest nahezu freien Grenzverkehr hier de facto schon seit etlichen Jahren gibt.

Dieser Trend setzt sich auch 1995 fort: Während die Kriminalitätslage in Baden-Württemberg momentan auf Vorjahresniveau stagniert, geht die Zahl der Straftaten in der Grenzregion im Vergleich zum Vorjahreszeitraum um 2,5 % zurück. Tatsache ist auch hier: Der sukzessive Abbau der Grenzkontrollen zwischen Frankreich und Deutschland hat zu keinen nachweisbaren, signifikanten Auswirkungen auf die Kriminalitätsentwicklung im Grenzgebiet geführt, weder vor noch nach Inkrafttreten des Schengener Durchführungsübereinkommens.

Interessant ist übrigens auch ein Vergleich zwischen den Landkreisen, die an Frankreich grenzen und den Landkreisen, die an die Schweiz grenzen, an ein Land also, das nicht zu den Schengen-Staaten gehört und an dessen Grenze noch die Kontrollen alten Stils existieren. Wenn der Abbau der Grenzkontrollen einen Einfluß auf die Sicherheitslage hätte, müßte sich die Kriminalitätsbelastung im Grenzgebiet zu Frankreich konsequenterweise von der Kriminalitätsbelastung im Grenzgebiet zur Schweiz unterscheiden. Das ist aber nicht der Fall.

Wenn wir nun einen Blick werfen auf den Anteil, den die grenzüberschreitende Kriminalität an der Gesamtkriminalität hat, so zeigt sich auch hier, wie unberechtigt die Befürchtungen sind: Der Anteil der grenzüberschreitenden Kriminalität aus Frankreich macht noch nicht einmal ein Prozent aller im dortigen Grenzgebiet registrierten Straftaten aus (1. Halbjahr 1995: 0,72 %). Daran hat sich auch nach dem 26. März, also nach der endgültigen Öffnung der Grenze, nichts geändert!

Und wenn wir schließlich von der Entwicklung im Grenzgebiet weggehen und uns die Entwicklung der Kriminalität im Bundesland als Ganzem anschauen, stellen wir fest, daß die Zahl der Straftaten, zumindest in Baden-Württemberg auch nach Inkrafttreten von Schengen II stagniert: Bis Ende Oktober 1995 hatten wir exakt 475.445 Strafttaten registriert - ganze 29 (!) mehr als im Vorjahreszeitraum. Die Steigerung beträgt also gerade mal 0,006 % - wenn man hier überhaupt von einer Steigerung sprechen kann.

Noch aussagekräftiger als die Entwicklung der Zahl der Straftaten ist die Zahl der in Baden-Württemberg registrierten nichtdeutschen Tatverdächtigen mit illegalem Aufenthaltsstatus. Sie müßte, hätten die Gegner von Schengen recht, deutlich angestiegen sein. Das Gegenteil ist richtig: Im 1. Quartal wurden in ganz Baden-Württemberg 3.179 Tatverdächtige mit illegalem Aufenthaltsstatus festgestellt. Im 2. Quartal waren es hingegen nur 2.743 und im 3. Quartal 2.825.

3.2 Grenzkontrolldelikte

Neben der grenzüberschreitenden Kriminalität werden auch immer wieder die sog. Grenzkontrolldelikte angesprochen, wenn es um die Auswirkungen des Grenzkontrollabbaus geht. Auf eine nähere Darstellung der Grenzkontrolldelikte will ich an dieser Stelle verzichten, vor allem, weil sie im wesentlichen nicht die Zuständigkeit des Landes berühren, sondern die Zuständigkeit des Bundes. Nur soviel: Wer Grenzkontrolldelikte mit grenzüberschreitender Kriminalität gleichsetzt, wirft diejenigen, die mit falschen oder unvollständigen Papieren illegal ins Land zu kommen versuchen, in einen Topf mit denjenigen, die hierher kommen, um Straftaten zu begehen. Es gibt sicher viele, die zwar illegal einreisen, aber nicht, um hier Straftaten zu begehen, sondern um hier - zugegeben illegal - zu arbeiten und Geld zu verdienen. Die illegale Einreise von Ausländern ist also weniger ein Problem im grenznahen Raum, sondern ein Problem mit Folgewirkungen auf die allgemeine Kriminalitätsentwicklung im Land und vor allem in den Ballungszentren.

Dennoch ist das Problem der illegalen Einreise natürlich ein Problem, das im Rahmen der Schengener Abkommen angesprochen ist und zu dem auch die Vertragsstaaten konkrete Ausgleichsmaßnahmen vereinbart haben. Denn ganz zweifellos kam hier den Kontrollen an den Grenzen der Schengener Vertragsstaaten eine gewisse Filterfunktion dadurch zu, daß neben der Außengrenze - zumeist jedenfalls - weitere Grenzkontrollen bis nach Deutschland zu passieren waren. Sind z. B. Drittstaatenangehörige heute dagegen erst einmal in einem Schengen-Vertragsstaat, können sie sich ungehindert bewegen und nach Deutschland kommen. Dieses Defizit soll mit dem Schengener Informationssystem SIS ausgeglichen werden, einem elektronischen Fahndungsbuch, das erstmals die Möglichkeit schafft, Personen Schengen-weit auszuschreiben. Ich werde auf das Schengener Informationssystem gleich noch einmal zurückkommen.

Grundsätzlich gilt aber auch: Wenn es Hinweise auf verstärkte illegale Einreiseversuche und Menschenschleusungen gibt, ist der sachlich zuständige Bundesgrenzschutz gefordert, dies durch zeitlich begrenzte Kontrollen, die im Einklang mit dem Schengener Durchführungsübereinkommen stehen, zu unterbinden!

4. Auswirkungen des Schengener Durchführungsübereinkommens auf die Sicherheitslage

Die Faktenlage hat es hinreichend deutlich gemacht: Das Schreckgespenst von den offenen Grenzen hat ausgedient. Die Horrorszenarien sind nicht eingetreten. Sie konnten auch gar nicht eintreten. Denn in einem seit Jahren zusammenwachsenden Europa hatten die Grenzkontrollen ohnehin nur noch eine sehr begrenzte Wirksamkeit bei der Bekämpfung der Kriminalität. Und so hatte auch der Grenzkontrollabbau nicht die kriminalitätsfördernde Wirkung, wie sie von interessierter Seite immer wieder beschworen wurde.

Ich bestreite dabei keineswegs, daß Binnengrenzkontrollen eine gewisse Filterfunktion darstellen. Diese Filterfunktion darf jedoch nicht überbewertet werden, zumal diejenigen Formen der Kriminalität, die uns heute die meisten Probleme bereiten, mit Grenzkontrollen ohnehin nicht oder kaum bekämpft werden können.

Die wichtigsten dieser Probleme habe ich eingangs bereits erwähnt: So waren beispielsweise für das *Organisierte Verbrechen* Grenzkontrollen noch nie ein echtes Hindernis. Wir haben es hierbei schon seit Jahren mit einem kriminalgeographischen Raum zu tun, der sich weitgehend unabhängig von der jeweiligen Form der Grenzkontrollen entwickelt hat.

Auch das Problem der importierten Kriminalität aus Ost- und Südosteuropa existiert unabhängig von der Art der Grenzkontrollen in Westeuropa. Nahezu jeder zweite nichtdeutsche Tatverdächtige kommt heute aus Ost- oder Südosteuropa. Eingesetzt hat diese Entwicklung im Jahr 1990 und zwar unbeeinflußt und unbeeindruckt vom damaligen Kontrollstandard an den westeuropäischen Staatsgrenzen.

Die Wanderungsbewegungen vollziehen sich ebenfalls ohne Bezug auf das Bestehen oder Nichtbestehen von Grenzkontrollen in Westeuropa. Der anhaltende Migrationsdruck auf Westeuropa ist Schengen-unabhängig. Der mit Abstand größte Teil der Zuwanderer kommt aus der Türkei, aus dem ehemaligen Jugoslawien oder aus anderen Staaten Ost- und Südosteuropas.

Die Entwicklung zeigt deutlich: Eine intensive Überwachung der Außengrenzen ist zwar wichtig, aber es wäre illusorisch zu glauben, die genannten Probleme ließen sich allein dadurch lösen. Und ich denke, es besteht hier ein weitgehender Konsens darin, daß in einem geeinten Europa die Zeit des Eisernen Vorhangs für immer vorbei sein sollte. Wir sind froh, daß der Eiserne Vorhang der Vergangenheit angehört, und es widerspräche dem europäischen Gedanken fundamental, wenn sich Europa aus irrationalen Kriminalitätsängsten heraus mit einem neuen Eisernen Vorhang vom Rest der Welt abschotten wolle, zumal es auch unter dem Aspekt der Kriminalitätsbekämpfung überhaupt nicht zeitgemäß wäre. Gefragt sind heute wesentlich intelligentere Methoden der Kriminalitätsbekämpfung. Bei dem extrem hohen Durchfluß von Reisenden im grenzüberschreitenden Verkehr zwischen den westeuropäischen Staaten wäre es in der Tat anachronistisch, sich von Grenzerhäuschen noch eine entscheidende Wirkung zu versprechen.

Die wirklichen Herausforderungen bei der Kriminalitätsbekämpfung sollen mit den vorhin bereits erwähnten Ausgleichsmaßnahmen von den Schengen-Staaten angegangen werden. Diese Ausgleichsmaßnahmen sind die logische Konsequenz einmal aus dem einheitlichen kriminalgeographischen Raum Europa und zum anderen aus der Tatsache, daß die Rechtsgrundlagen für eine polizeiliche Zusammenarbeit innerhalb der Europäischen Union unzureichend sind.

5. Effizienz der Ausgleichsmaßnahmen

Das Schengener Durchführungsübereinkommen ist jetzt seit knapp neun Monaten in Kraft. Signifikante Auswirkungen auf die Sicherheitslage haben sich, wie ich dargestellt habe, hierdurch nicht ergeben. Unabhängig von dieser Grundsatzfeststellung will ich im folgenden auf den Umsetzungsstand und die Praxiserfahrungen der einzelnen Ausgleichsmaßnahmen etwas detaillierter eingehen.

5.1 Sicherung der Außengrenzen

Schwerpunkt der Grenzsicherung sind die Außengrenzen. Hier gilt es, die Kontrollstandards weiter einander anzugleichen. Noch mehr als bisher muß sich hier die Erkenntnis durchsetzen, daß die Sicherung der Außengrenzen im gemeinsamen Sicherheitsinteresse aller EU-Mitgliedstaaten liegt und daß die Kontrollen dort zügig und lageangepaßt verstärkt werden, wo sich dies als notwendig erweist. Nationalinteressen dürfen hier nicht über Unionsinteressen gestellt werden. Daß die Sicherung der Außengrenzen kein Allheilmittel ist, habe ich bereits aufgezeigt. Um so mehr sehe ich die Notwendigkeit, die verfügbaren Ausgleichsinstrumente konsequent zu nutzen. Dazu gehört auch, daß sich der Bund nicht aus seiner sicherheitspolitischen Verantwortung stehlen darf. SDÜ hin oder her, für die Sicherung der Binnengrenzen und somit für die Bekämpfung der illegalen Zuwanderung ist und bleibt der Bund zuständig. Soweit es um die Fahndung nach Straftätern geht, wird die Polizei ihrerseits - wie bisher auch - die erforderlichen Maßnahmen treffen.

5.2 Harmonisierung der Visa-Bestimmungen

Der nächste Punkt betrifft die Harmonisierung der Visa-Bestimmungen. Es war mehr als überfällig, daß der Bund nun endlich auf die Durchsetzung einheitlicher Visa-Bestimmungen gedrängt hat. Es geht nicht an, daß Kosovo-Albaner, die für Deutschland ein Visum benötigen, in großer Zahl als Touristen zunächst nach Italien einreisen, weil dort auf ein Visum verzichtet wird, um sich dann von dort aus durch organisierte Schlepperbanden über Frankreich nach Deutschland einschleusen zu lassen.

5.3 Gemeinsamer Fahndungsverbund Schengener Informationssystem (SIS)

Die dritte Ausgleichsmaßnahme, die ich ansprechen möchte, betrifft das Schengener Informationssystem SIS. Dies ist ein zentraler Bestandteil der Ausgleichsmaßnahmen im Rahmen der Schengener Abkommen. Es ermöglicht die Schengen-weite Ausschreibung von Personen und Sachen. Mit diesem Instrument wird die Filterfunktion zumindest teilweise kompensiert, die durch den Abbau der Binnengrenzkontrollen verlorengegangen ist. Konnten vor SIS ausgeschriebene Drittstaatenangehörige nur bei der Einreise in das ausschreibende Land, nicht aber in anderen Ländern der EU festgestellt werden, so können diese Personen jetzt in allen Schengen-Staaten erkannt werden.

Die Erfahrungen mit SIS zeigen, daß wir mit diesem Fahndungsverbund auf dem richtigen Weg sind. Mehr als 3,5 Mio. Datensätze zur Personen- und Sachfahndung sind derzeit gespeichert, davon alleine 2,3 Mio. von Deutschland und 1,1 Mio. von Frankreich. Die übrigen Vertragspartner sind aufgefordert, schnellstmöglich nachzuziehen. Abfragen sind zur Zeit über ca. 30.000 Endgeräte, davon allein 9.000 in Deutschland, möglich. Bis Anfang November wurden fast 8.000 Trefferfälle mit Bezug zu Deutschland registriert, darunter rund 1.000 in Deutschland aufgrund einer ausländischen Ausschreibung und etwa 7.000 in den anderen Schengen-Staaten aufgrund einer deutschen Ausschreibung. Diese Zahlen belegen die potentielle Effizienz dieses Fahndungssystems.

Geschmälert ist dessen Wirksamkeit aber dadurch, daß ausländerrechtliche Ausschreibungen anderer Mitgliedstaaten derzeit nicht vollzogen werden können. Hier muß dringend Abhilfe geschaffen werden. Es genügt nicht, die Treffer nur zum Anlaß für ausländerrechtliche Überprüfungen im Binnenland nach nationalem Recht zu machen, wie dies bislang der Fall ist. Die Philosophie von SDÜ verkommt zur Makulatur, wenn der Bund nicht endlich klare Rechtsgrundlagen schafft, um sicherzustellen, daß Entscheidungen eines Schengen-Staates im anderen Schengen-Staat anerkannt und aufenthaltsbeendende Maßnahmen auch vollzogen werden können.

5.4 Grenzüberschreitende Observation und Nacheile

Der vierte Punkt betrifft die grenzüberschreitende Observation und Nacheile. Wenn wir hier Bilanz ziehen, dürfen wir nicht vergessen, daß grenzüberschreitende Observation und Nacheile nach Frankreich erst seit 1. Juli 1995 zulässig sind und die Franzosen außerdem bis heute an ihren Grenzkontrollen festhalten.

In Baden-Württemberg konnten wir bis Ende November gerade einmal zwei Fälle grenzüberschreitender Observation und keinen Fall der Nacheile nach Frankreich verzeichnen. Grenzüberschreitende Observationen und Nacheile sind Ausgleichsmaßnahmen, die nur in wenigen, zumeist aber sehr bedeutsamen oder spektakulären Fällen zur Anwendung kommen, dann aber schnell und reibungslos funktionieren müssen. Insofern schließt das SDÜ hier eine empfindliche Lücke - bislang allerdings nur theoretisch. Denn die Regelungen sind nicht praxisgerecht! Beispiel Nacheile: Es nützt der Polizei wenig, wenn sie Straftäter zwar nach Frankreich hinein verfolgen, nicht aber auch festhalten darf, wie dies die Bestimmungen in Frankreich derzeit vorsehen. Hier muß nachgebessert werden. Das heißt zum einen, daß die Vorschriften generell vereinfacht werden müssen; zum anderen muß den nacheilenden Kräften in allen Vertragsstaaten ein Festhalterecht eingeräumt werden, wie dies die Bundesrepublik gegenüber allen Schengen-Staaten getan hat.

5.5 Informationsaustausch und direkte Geschäftswege von Polizeidienststelle zu Polizeidienststelle

Die fünfte und letzte Ausgleichsmaßnahme, auf die ich kurz eingehen will, betrifft den Informationsaustausch und die Möglichkeit der direkten Geschäftswege von Polizeidienststelle zu Polizeidienststelle. Die Artikel 39 und 46 SDÜ schaffen die Voraussetzungen für den polizeilichen Informationsaustausch. Grundsätzlich positiv herauszustellen ist die Zulassung polizeilicher Rechtshilfe unmittelbar zwischen den Polizeidienststellen. Machen wir uns aber nichts vor, der große Durchbruch einer den praktischen Bedürfnissen entsprechenden Vereinfachung ist damit noch nicht erreicht. Allenfalls wurde das, was bisher schon zwischen den grenznahen Polizeidienststellen praktiziert wurde, zumindest teilweise auf eine gesicherte Rechtsgrundlage gestellt. Die Unzulänglichkeiten der Regelungen des SDÜ zum polizeilichen Informationsaustausch liegen auf der Hand:

Die Polizeidienststellen dürfen nur in Eilfällen unmittelbar miteinander kommunizieren. Im übrigen ist der Weg grundsätzlich über die Zentralstellen, bei uns das BKA, vorgeschrieben. Es ist für mich nicht nachvollziehbar, weshalb ein Polizeibeamter beim Polizeirevier Kehl eine Halteranfrage bei der Polizei im gegenüberliegenden Straßburg über das BKA laufen lassen soll, wenn er nicht einen Eilfall begründen kann. Die traditionellen Informationswege über die nationalen Zentralstellen sind zu zeitraubend.

Zum Zweiten halte ich es nicht für erforderlich, daß diese Information über den französischen Kraftfahrzeughalter in einem deutschen Strafverfahren nur mit Zustimmung der zuständigen Justizbehörden verwendet werden darf.

Und drittens stelle ich mir die Frage, weshalb die Polizei in Eilfällen nicht auch Rechtshilfeersuchen um Durchführung von strafprozessualen Zwangsmaßnahmen wie Durchsuchung, Beschlagnahme, körperliche Untersuchung stellen und bewilligen darf. Ich will Ihnen dieses Bedürfnis an einem Beispiel plastisch vor Augen führen:

Bei der Polizei in Kehl wird zur Nachtzeit eine Vergewaltigung angezeigt. Das Opfer kann das französische Kennzeichen des Autos angeben, mit dem der Täter weggefahren ist. Der sofortige Informationsaustausch zwischen Kehl und Straßburg führt zur Feststellung des Halterwohnsitzes in Straßburg. Das gesuchte Auto steht vor dem Haus mit noch warmem Motor. Hier endet die polizeiliche Zusammenarbeit! Die deutsche Polizei darf kein Rechtshilfeersuchen um Spurensicherung, Beschlagnahme der Tatverdächtigenkleidung, körperliche Untersuchung auf Tatspuren usw. stellen. Ein solches Ersuchen ist der Justiz vorbehalten. Und die französische Polizei dürfte das entsprechende deutsche Ersuchen nicht bewilligen und die erbetenen Maßnahmen nicht vollziehen, ohne die Genehmigung und Anordnung der französischen Justiz.

Dieses Beispiel verdeutlicht mehr als abstrakte Forderungen die zwingende Notwendigkeit, die grenzüberschreitende polizeiliche Zusammenarbeit über die bisherigen Möglichkeiten hinaus zu erweitern. Wir müssen hierzu national und im Gleichklang mit unseren Nachbarstaaten die polizeilichen Befugnisse entsprechend ausgestalten. Und wir müssen darüber hinaus auch unkonventionelle Wege gehen. Warum nicht anlaßbezogen gemeinsame Ermittlungsgruppen einrichten? Warum nicht Fahndungsaktionen gemeinsam konzipieren und gemeinsam durchführen?

6. Brauchen wir verdachts- und ereignisunabhängige Polizeikontrollen?

Nach Artikel 2 Abs. 1 SDÜ sind den zuständigen Grenzbehörden Personenkontrollen an den Binnengrenzen grundsätzlich verwehrt. Mit einer Ausnahme: Wenn konkrete Anhaltspunkte für Gefahrensituationen vorliegen, können gezielte Identitätskontrollen aus Anlaß des Grenzübertritts durchgeführt werden. Nach Artikel 2 Abs. 2 SDÜ besteht also die rechtliche Möglichkeit, den sachlich zuständigen Bundesgrenzschutz in Form zeitlich begrenzter nationaler Grenzkontrollen an den Binnengrenzen zum Einsatz zu bringen, wenn die öffentliche Ordnung oder die nationale Sicherheit dies erfordern. Der Bund hat also jederzeit die Möglichkeit, bei entsprechenden Erkenntnissen von diesem Instrument Gebrauch zu machen. Er muß sich allerdings in die Lage versetzen, solche Situationen auch zu erkennen. Hierzu muß der Bund seine unabhängig vom Schengener Durchführungsübereinkommen weiter bestehenden Aufgaben der Überwachung und Aufklärung der Grenzen konsequent wahrnehmen, um schnell auf entsprechende Entwicklungen reagieren zu können. Im übrigen werde ich mich nicht scheuen, den Bund aufzufordern, von der Möglichkeit des Art. 2 Abs. 2 SDÜ Gebrauch zu machen, wenn sich diese Notwendigkeit aufgrund von Erkenntnissen der Polizei des Landes ergibt.

Neue Kompetenzen der Polizei für verdachtsunabhängige Kontrollen, wie sie in Bayern beschlossen wurden, halte ich für falsch, und damit befinde ich mich auch im Einklang mit den übrigen Bundesländern. Das baden-württembergische Polizeirecht eröffnet genügend Möglichkeiten, bei konkreten Anhaltspunkten für besondere Gefahrensituationen die notwendigen polizeilichen Gegenmaßnahmen zu ergreifen. Bei Erkenntnissen über illegale Einschleusungen hat die Polizei auch schon nach geltendem Recht die Möglichkeit, Kontrollstellen einzurichten, um solche Fälle wirksam zu bekämpfen. Im übrigen haben wir überhaupt nicht das Personal, ohne jeden Anlaß einfach ins Blaue hinein Kontrollstellen einzurichten. Viel effektiver ist es doch, lageangepaßt und auf Verdacht hin zielgerichtet zu reagieren, anstatt Stecknadeln im Heuhaufen zu suchen.

7. Zusammenfassung

Die Kernaussagen des Beitrags lassen sich wie folgt zusammenfassen:

- Das Schengener Durchführungsübereinkommen hat seine erste, knapp neunmonatige Bewährungsprobe bestanden. Die teilweise prophezeiten Horrorszenarien sind ausgeblieben. Das Inkrafttreten des SDÜ hat zu keinen signifikanten Auswirkungen auf die Sicherheitslage geführt.

- Das Konzept „Abbau der Binnengrenzkontrollen“ und „Ausgleichsmaßnahmen zur Kompensation von Sicherheitsdefiziten“ ist - bei all den Problemen im Detail - grundsätzlich der richtige Weg. Die Philosophie von Schengen hat sich als richtig erwiesen. Sie ist Modell für die Europäische Union.

- Der Prozeß hin zu einem vereinten Europa ist unumkehrbar - der Rückfall in die Steinzeit nationalstaatlichen Denkens keine Lösung, auch nicht und gerade nicht bei der Verbrechensbekämpfung. Gerade bei der Bekämpfung der Kriminalität brauchen wir nicht weniger, sondern mehr Integration in Europa!

- Das internationale Verbrechen agiert über Grenzen hinweg. Europa ist heute ein kriminalgeographischer Raum, und Europa wäre dies auch dann, wenn es die alten Grenzkontrollen noch gäbe.

- Unverzichtbar ist aber, das Paket der Ausgleichsmaßnahmen weiter zu optimieren (Stichworte: einheitlicher Kontrollstandard an den Außengrenzen, Harmonisierung des Ausländer- und Asylrechts, Ausbau des Schengener Informationssystems, praxisgerechte Regelungen zur grenzüberschreitenden Observation und Nacheile, direkte polizeiliche Geschäftswege, Erweiterung der polizeilichen Rechtshilfebefugnisse auch für Zwangsmaßnahmen bei Gefahr im Verzug, Verbesserung der justitiellen Zusammenarbeit).

- Zwischen den unmittelbaren Nachbarstaaten und insbesondere in den Grenzregionen bestehen besondere Bedürfnisse einer ständigen engen polizeilichen Zusammenarbeit. Dem ist durch ergänzende Vereinbarungen über praxisgerechte Kooperationsformen Rechnung zu tragen.

- Ziel muß es außerdem sein, EU-weit - über den Kreis der Schengener Vertragsstaaten hinaus - Kooperationsformen zu schaffen, wie sie beispielsweise zwischen den Bundesländern bereits bestehen. Von diesem Ansatz ausgehend ist es nur konsequent, sich eine über den nationalen polizeilichen Zentralstellen stehende Europäische Zentralstelle vorzustellen.

Anfänge sind mit der Einrichtung von Europol gemacht. Die zwar unterzeichnete, aber in den EU-Mitgliedsstaaten noch zu ratifizierende Europol-Konvention sieht informationelle Zuständigkeiten in bestimmten und künftig auch erweiterbaren Deliktsbereichen für Europol vor. Mit Blick in die Zukunft könnte ich mir noch einen weiteren Schritt vorstellen, mit dem Europol auch eigene Ermittlungszuständigkeiten für europaweit verflochtene Kriminalität und gegen die Europäische Union gerichtete Straftaten erhalten würde. Ich bin mir wohl bewußt, daß bis zur Verwirklichung dieser Vision ein langer Weg zu gehen ist und viele Hindernisse auszuräumen sein werden. Wir sollten allerdings, losgelöst von nationalen Souveränitätsvorbehalten, bereit sein, für die Innere Sicherheit in einem politisch und wirtschaftlich vereinten Europa die besten Voraussetzungen zu schaffen und auf der Suche nach Lösungen hierfür erforderlichenfalls bisher bestehende Tabus zu durchbrechen.

- Nur wenn wir diesen Weg gemeinsam konsequent fortsetzen, wird es uns gelingen, aus der Europäischen Union zugleich auch eine Europäische Sicherheitsunion zu machen.

Aufgaben und Perspektiven von Europol - vom Informationsaustausch zur Ermittlungskompetenz?

Jürgen Storbeck

1. Probleme der internationalen Verbrechensbekämpfung allgemein

Trotz größter Anstrengungen der letzten Jahre im Rahmen von Interpol, TREVI, EU, Schengen und WCO ist weiterhin festzustellen, daß bestehende Instrumente, Methoden, Institutionen und Organisationen - zumindest in ihrer augenblicklichen Ausformung - nicht ausreichen, um die Bedürfnisse der Kriminalpolizei für eine erfolgreiche gemeinsame Verbrechensbekämpfung in der EU zu erfüllen.

Um für ein konkretes Ermittlungsverfahren einer lokalen oder regionalen Polizeibehörde Informationen über Personen, Sachen oder modus operandi aus anderen Staaten zu erhalten, kann die ermittlungsführende Behörde trotz teilweise moderner Informationstechnik wegen rechtlicher Hindernisse, einer bürokratischen Bearbeitung und mehrstufigem Genehmigungsverfahren und der teilweise notwendigen Übersetzung in und aus Fremdsprachen normalerweise erst nach zehn bis vierzehn Tagen auf die notwendigen Informationen hoffen.

Nachteilig wirkt sich auch aus, daß die ermittlungsführende Behörde nur Informationen von den Schwesterbehörden in den anderen Staaten, also entweder von den Kriminalpolizeien, den Gendarmeriebehörden, den Zollbehörden, jedoch nicht von der Gesamtheit der "law enforcement offices" im Ausland erhält. Auch sensitive Daten werden fast nie übermittelt.

Vielleicht noch schwerwiegender ist, daß die bei den Polizei- und Sicherheitsbehörden vorhandenen Informationen nur in wenigen Staaten Europas zur Ermittlungsunterstützung oder -initiierung national zusammengeführt und ausgewertet werden. Im internationalen Zusammenhang geschieht das praktisch überhaupt nicht. Die Strafverfolgungsbehörden speichern also Informationen in Dateien einzig dazu, um sie anlaßbezogen bei konkretem Tatverdacht abfragen zu können. Das führt u.a. auch dazu, daß in vielen Fällen Ermittlungen in den Staaten Europas parallel gegen dieselben Täter oder dieselben kriminellen Organisationen geführt werden, ohne daß eine Dienststelle von der anderen weiß und damit unkoordiniert und oft kontraproduktiv gearbeitet wird.

Ein besonderer Mangel erscheint mir, daß Justizbehörden nicht vergleichbar der Polizei und des Zolls internationale Organisationen, Institutionen oder gar Zentralstellen aufgebaut haben. Sie können den Bedürfnissen internationaler Verbrechensbekämpfung nicht genügen. Da aber Polizei und Zoll die Justiz als Partner brauchen, ist damit auch deren Erfolg gefährdet.

Problematisch ist schließlich, daß wir gerade zu neuen Formen internationaler Kriminalität keine gleichlautenden Strafgesetze haben, ja daß zu einzelnen Bereichen in manchen Mitgliedsstaaten der Europäischen Union überhaupt noch keine Strafvorschriften bestehen. Da aber gemeinsame internationale Verbrechensbekämpfung grundsätzlich die Strafbarkeit in den beteiligten Staaten voraussetzt, ist eine Zusammenarbeit über die Grenzen hinweg in diesen modernen Verbrechensformen nur sehr eingeschränkt möglich.

Eine gemeinsame Verbrechensbekämpfung durch die Strafverfolgungsbehörden der EU-Mitgliedsstaaten existiert daher gegenwärtig noch nicht. Man kann allenfalls von einer recht mangelhaften Kooperation sprechen. Diese internationale polizeiliche und justitielle Zusammenarbeit besteht überwiegend darin, sich gegenseitig für nationale Ermittlungen und Fahndungen Informationen zur Verfügung zu stellen. Nur sehr, sehr begrenzt kommt es zu bedeutsamen Rechts- und Amtshilfemaßnahmen oder gar zu gemeinsamen grenzüberschreitenden Ermittlungen und operativen Einsätzen.

In der Verbesserung des polizeilichen Informationsaustauschs und der Analyse liegt gegenwärtig das Schwergewicht der Initiativen innerhalb der Europäischen Union, um eine gemeinsame Verbrechensbekämpfung zu ermöglichen und zu verbessern.

Und dabei sind die Mitgliedsstaaten der Europäischen Union zwei Wege gegangen. Einmal versucht man den Informationsaustausch auf den traditionellen Wegen zwischen lokalen, regionalen und nationalen Polizeidienststellen zu beschleunigen und zu verbessern. Genannt werden sollten hier die Eröffnung kürzerer oder sogar unmittelbarer Geschäftswege, der gegenseitige Zugriff auf nationale Informationssysteme, die Benennung von nationalen oder regionalen Ansprechpartnern für spezielle Problemfelder oder der Austausch von Verbindungsbeamten.

Der andere Ansatz ist der Aufbau von internationalen polizeilichen Informations- und Fahndungssystemen, z.B. SIS, CIS und die Errichtung bzw. der Ausbau zentraler internationaler polizeilicher Institutionen wie Europol oder Institutionen mit verwaltungspolizeilichen oder zollrechtlichen Funktionen wie UCLAF.

2. Entstehung von Europol

Der Aufbau einer Europäischen kriminalpolizeilichen Zentralstelle Europol, der in Art. K 1 EUV festgeschrieben ist, stellt einen Schwerpunkt der unionsweiten Verbrechensbekämpfung dar.

Vorarbeiten zur Einrichtung von Europol wurden im Rahmen der TREVI-Zusammenarbeit der Innen- und Justizminister geleistet, die über die Einrichtung einer European Drugs Intelligence Unit, einer zentralen europäischen Analyseeinheit für Rauschgiftkriminalität nachdachten. Der Vorschlag von Bundeskanzler Kohl auf dem EG-Gipfel in Luxemburg 1991 gab diesen ersten Vorbereitungen eine neue politische Dynamik und eine spektakuläre Ausweitung der Vision einer gemeinsamen europäischen Kriminalitätsbekämpfung, die im obengenannten Artikel des EU-Vertrages zum Ausdruck kommt.

Der Europäische Rat beschloß, Europol auf der Basis intergouvernementaler Zusammenarbeit im sogenannten dritten Pfeiler der Union zu errichten. Der anfängliche deutsche Vorschlag, eine entsprechende völkerrechtliche Regelung in den EWG-Vertrag aufzunehmen und so Europol zu einer Institution der Gemeinschaft zu machen, wurde abgelehnt.

Die Europol-Zusammenarbeit soll die Verhütung und Bekämpfung des Terrorismus, des illegalen Drogenhandels und sonstiger schwerwiegender Formen der internationalen Kriminalität umfassen. Erforderlichenfalls soll auch eine Zusammenarbeit mit den Zollbehörden in die Arbeit miteinbezogen werden. In einer dem Maastrichter Unionsvertrag beigefügten "Erklärung zur polizeilichen Zusammenarbeit" werden u.a. die Aufgaben und Kompetenzen, die Europol haben soll, präzisiert. Operative Handlungsbefugnisse und eigene Ermittlungszuständigkeiten werden Europol danach noch nicht eingeräumt. Auf dem Gipfel von Dublin im Dezember 1996 sind jedoch Beschlüsse gefaßt worden, die den Weg für internationale Ermittlungen unter Beteiligung oder sogar Koordination von Europol öffnen.

Europol soll dem Informations- und Erfahrungsaustausch, einer zentralen Analyse und der weitgehenden Unterstützung der nationalen Polizeibehörden dienen.

Zur Errichtung einer gemeinsamen Europol-Datenbank mit auch personenbezogenen Informationen und zur Übertragung weitergehender Aufgaben in zusätzlichen Kriminalitätsbereichen auf Europol ist in allen Mitgliedsstaaten eine internationale Konvention unabdingbare Voraussetzung. Nach schwierigsten Verhandlungen und unter Eingehung vieler, oft nicht zufriedenstellender Kompromisse wurde die Europol-Konvention im Juni 1995 politisch akzeptiert und am 26. Juli 1995 durch die EU-Botschafter in Brüssel unterzeichnet. Die Ratifizierung sollte Ende 1997 abgeschlossen sein.

3. Die Europol-Drogenstelle

Für die Übergangszeit bis zur Ratifikation haben sich die EU-Staaten auf eine Lösung geeinigt, nach der Verbindungsbeamte aus allen Mitgliedstaaten zu Europol entsandt werden, die jeweils Direktzugang zu ihren nationalen Informationssystemen haben. Europol kommen in dieser ersten Form zwei Funktionen zu. Zum einen übermitteln die Verbindungsbeamten personenbezogene Daten zur Unterstützung konkreter polizeilicher Ermittlungen. Zum anderen sollen auf der Grundlage allgemeiner, nicht personenbezogener Daten, Lagebilder erstellt und Kriminalitätsanalysen vorgenommen werden. Diese Form der Zusammenarbeit bietet im Vorfeld einer Konvention die Möglichkeit, sich rechtlich im Rahmen der bisherigen bilateralen Zusammenarbeit zu bewegen.

Entsprechend einer Ministervereinbarung vom Juni bzw. Oktober 1993 und einer "Joint Action" der Minister vom März 1995 nehmen die Verbindungsbeamten die Informationsersuchen anderer Mitgliedsstaaten auf der Grundlage ihrer nationalen Gesetze und Regelungen entgegen, bearbeiten sie und leiten sie weiter.

In gewisser Weise unterhalten die Mitgliedsstaaten und ihre unterschiedlichen nationalen Strafverfolgungsbehörden bei der Europol-Drogenstelle eigene Verbindungsbüros, deren Aktivitäten von der Leitung der Europol-Drogenstelle koordiniert werden.

Dabei haben die Verbindungsbeamten bei Europol Zugang nicht nur zu Fahndungsdaten, wie man sie im Schengener Informationssystem findet, sondern zu weitergehenden, national bestehenden Dateien. Diese nationalen Dateien lassen polizeiliche Recherchen zu und enthalten Informationen über Täter, Tätergruppen, Adressen, Telefonnummern, Verdachtsmomente usw. Hierbei handelt es sich teilweise um sogenannte "weiche", d.h. noch nicht ausermittelte Informationen, die einer Bewertung bedürfen, um sie für Strafverfolgungszwecke zu nutzen.

Anfragen an Europol und seine Verbindungsbeamten werden grundsätzlich von oder über die zentralen nationalen Dienststellen, aber hin und wieder auch von regionalen und lokalen Behörden direkt gestellt und von uns auch bearbeitet. Unsere Verbindungsbeamten sind dann angewiesen, die Zentralstellen über Anfrage und Antwort zu informieren.

Verstärkt ergibt sich aus diesem Informationsaustausch auch eine Koordination bzw. die Unterstützung der Koordination von parallelen nationalen Ermittlungen.

Über die Bekämpfung der Rauschgiftkriminalität und der damit verbundenen Geldwäsche hinaus sind inzwischen die Zuständigkeiten der Europol-Drogenstelle durch die obengenannte "Joint Action" auch auf die Bekämpfung der Nuklearkriminalität, der illegalen organisierten Einwanderung, der Verschiebung gestohlener Kraftfahrzeuge, der damit verbundenen Geldwäsche und der darin verwickelten kriminellen Organisationen ausgedehnt.

Europol unter dem Namen der Europol-Drogenstelle nahm in der beschriebenen Form Anfang 1994 seine Arbeit in Den Haag auf, also etwas mehr als zwei Jahre nach der politischen Entscheidung der EU-Staatschefs im Dezember 1991 in Maastricht. 1996 haben unsere Beamten in mehr als 2.000 internationalen Fällen den nationalen Polizei- und Zollbehörden der Mitgliedsstaaten Unterstützung geleistet.

Schwierig gestaltet sich gegenwärtig die zentrale Intelligence-Arbeit, d.h. die zentrale Analysearbeit insbesondere, weil Europol wegen der fehlenden Konvention keine personenbezogenen Daten zentral speichern darf.

Unsere Analytiker arbeiten an sogenannten strategischen Analysen über das rechtliche und technische Instrumentarium der Rauschgiftbekämpfungsbehörden in den Mitgliedsstaaten oder über neue Rauschgiftschmuggelrouten, Methoden der Geldwäsche usw. In der taktischen Analyse laufen gegenwärtig Arbeiten über den modus operandi von bestimmten kriminellen Organisationen sowie z.B. über Preise und Reinheitsgehalt von Heroin im Straßenhandel in unterschiedlichen Metropolen Europas, um einen Rückschluß über die Verfügbarkeit von Heroin auf dem Markt und aufgrund von Veränderungen Rückschlüsse auf die Aktivitäten von "Lieferanten" zu gewinnen.

Die nationalen Polizei- und Zollbehörden benötigen aber verstärkt auch operative Analysen. Unsere Analysten unterstützen insoweit in internationalen Großverfahren durch Intelligence-Arbeit unter der Verfahrensleitung und Verantwortung der jeweiligen Mitgliedstaaten und werden dazu auch für begrenzte Zeit den ermittlungsführenden Behörden zur Unterstützung zugewiesen.

Schließlich ist die Europol-Drogenstelle auch an operativen Einsätzen nationaler Polizei- und Zolldienststellen beteiligt, ohne dabei selbst und eigenverantwortlich aktiv zu werden. So haben die Europol-Verbindungsbeamten rund 40 internationale kontrollierte Lieferungen von Rauschgift, Kraftfahrzeugen oder im Rahmen von Menschenschmuggel quer durch Europa koordiniert oder bei schwierigen Ermittlungen beraten.

Wenn in den Staaten der Europäischen Union der entsprechende politische Wille vorhanden ist, könnte Europol in der Zeit vor der endgültigen Ratifizierung mit seinen Verbindungsbeamten und Analytikern durch eine rechtlich und politisch relativ einfache Erweiterung der Ministervereinbarungen auch in der Bekämpfung anderer Formen international organisierter Kriminalität in der beschriebenen Form tätig werden. So hat im Dezember 1996 der Ministerrat der Europol-Drogenstelle zusätzlich zu den fünf obengenannten Kriminalitätsbereichen eine Zuständigkeit für die Bekämpfung des Menschenhandels insbesondere hinsichtlich der sexuellen Ausbeutung von Frauen und Kindern (Prostitution, Kinderpornographie etc.) übertragen.

4. Europol nach der Konvention

Nach der Ratifizierung der Konvention soll Europol grundsätzlich auch für weitere schwerwiegende Formen des internationalen Verbrechens einschließlich übrigens auch des internationalen Terrorismus zuständig sein, wie schon in dem Kapitel VI, Art K 1 des Maastrichter Vertrages vorgesehen ist. Solche schwerwiegenden Formen sind in einer Liste aufgenommen, die der Konvention als Anhang beigefügt ist und die praktisch alle bedeutsamen Formen internationaler Kriminalität umfaßt.

In der dem Maastrichter Vertrag als Anhang beigefügten Erklärung über polizeiliche Zusammenarbeit werden Europol in diesem weiten Kriminalitätsrahmen folgende Aufgaben zugewiesen:

- Unterstützung nationaler Kriminalpolizeien und Sicherheitsbehörden z.B. durch Technik oder durch spezialisierte Beamte, Wissenschaftler und Techniker;
- Aufbau von Dateien - zentrale Analyse und Zurverfügungstellung neuer Informationen;
- Sammlung und Analyse von nationalen Präventionsprogrammen;
- Aufgaben im Bereich Ausbildung, Fortbildung, Forschung und Kriminaltechnik.

Artikel 3 definiert die Aufgaben von Europol im Rahmen seiner Ziele genauer. Dazu gehören vorrangig:

- den Informationsaustausch zwischen den Mitgliedsstaaten zu erleichtern,
- automatisierte Informationssammlungen zu unterhalten,
- Informationen und Erkenntnisse zu sammeln, zu analysieren und den zuständigen Behörden der Mitgliedsstaaten zur Verfügung zu stellen,
- die Spezialkenntnisse, die im Rahmen der Ermittlungstätigkeit von den zuständigen Behörden der Mitgliedsstaaten verwendet werden, vertiefen und "advice" (m.E. unzureichend mit "Beratung" übersetzt) bei Ermittlungen bieten,
- strategische Erkenntnisse zu übermitteln, um einen wirksamen und rationellen Einsatz der auf nationaler Ebene für operative Aufgaben vorhandenen Ressourcen zu erleichtern und zu fördern.

Nach dem Willen der Konvention sind Europols Partner in den Mitgliedstaaten zentrale nationale Dienststellen, die die Interessen aller Strafverfolgungsbehörden der Mitgliedstaaten im Europol-Aufgabengebiet wahrnehmen.

Welche nationalen Behörden über die zentralen Stellen mit Europol verkehren können, ist nach langen Diskussionen doch weitgehend offen geblieben. Insbesondere die Rolle der Staatsanwaltschaften und Justizbehörden sowie die der Sicherheitsbehörden (Geheimdienste), die in manchen Staaten ja gerade bei der Bekämpfung des Terrorismus weitgehende Zuständigkeiten haben, ist ungeklärt.

Nach dem Europol-eigenen Personal, das aus Strafverfolgungsbeamten, technischem Personal und Verwaltungspersonal bestehen wird, wird jeder Mitgliedstaat zumindest durch einen Verbindungsbeamten bei Europol vertreten sein, der von der nationalen zentralen Dienststelle entsandt wird und weiterhin Beamter dieser Dienststelle bleibt, also nicht dem künftigen Europol-Direktorium gänzlich unterstellt wird. Diese Verbindungsbeamten werden weitgehend in die Europol-Arbeit integriert; sie sind für den Nachrichtenaustausch zwischen den Mitgliedstaaten insbesondere dann verantwortlich, wenn sensitive Daten Inhalt des Nachrichtenverkehrs sind. Sie werden gerade bei der Koordination von Ermittlungen und operativen Einsätzen eine überragende Rolle spielen.

Fast die Hälfte der Konvention (Artikel 6 bis Artikel 26) bezieht sich auf das Europol-Informationssystem und andere Europol-Dateien.

Ich möchte an dieser Stelle nicht weiter den Text der Europol-Konvention vorstellen und interpretieren, sondern nur kurz zusammenfassen, worin nach der Vorstellung der Europol-Drogenstelle die wichtigsten Funktionen von Europol in der nachkonventionellen Zukunft bestehen:

- Informationszentrum für Polizei und andere Strafverfolgungsbehörden,
- eigener Geschäftsweg für den Nachrichtenaustausch - auch sensitiver Informationen - zu laufenden Ermittlungen und operativen Einsätzen,
- Intelligence-Arbeit (Analyse-Auswertung),
- Koordination von Ermittlungen und operativen Einsätzen,
- technische und personelle Unterstützung in internationalen Ermittlungen und operativen Einsätzen,
- Prävention,
- Ausbildung/Fortbildung/Forschung/Kriminaltechnik,
- Konferenzzentrum/Erfahrungsaustausch.

Nicht enthalten in diesen Funktionen ist eine eigene Ermittlungszuständigkeit für Europol.

Ob Europol tatsächlich noch in diesem Jahrhundert eigenständig Ermittlungen führen wird und eigene Exekutivbefugnisse in der Art eines europäischen FBI erhält wie von Bundeskanzler Kohl 1991 gefordert, ist weiterhin politisch und rechtlich ungeklärt und wird im Rahmen der Maastricht-Folgekonferenz erneut diskutiert. Mehrmals hat das Europäische Parlament vorgeschlagen, Europol eigene Ermittlungsbefugnisse bei Straftaten zum Nachteil der Europäischen Union zu übertragen. Auch einzelne Justiz- oder Innenminister stehen gewissen eigenen Ermittlungsbefugnissen von Europol mit allerdings sehr begrenzten Eingriffsrechten nicht völlig ablehnend gegenüber. Die Arbeit und die Befugnisse der Ermittlungsbeamten des Jugoslawien-Tribunal in Den Haag könnten insofern ein Modell für Europol-Ermittlungen sein.

Allerdings ist fraglich, ob das unterschiedliche Straf-, Strafverfahrens- und Polizeirecht in den Mitgliedstaaten eine ausreichende rechtliche Grundlage für Ermittlungstätigkeiten bietet.

Sind darüber hinaus internationale oder nationale Justizbehörden vorhanden oder aufzubauen, um dann Europol zu ergänzen und zu kontrollieren? Und wie steht es mit der Akzeptanz von Europol-Ermittlungsbeamten durch die Bürger in unseren Mitgliedstaaten?

Dennoch besteht ein dringender Bedarf an internationalen Ermittlungen und an einer effektiven operativen Unterstützung solcher Ermittlungen. Das gilt insbesondere für Mitgliedstaaten, die nicht über starke Zentralbehörden mit einem weitverzweigten Netz von Verbindungsbeamten und erfahrenen Spezialisten verfügen.

Großverfahren gegen internationale Gruppierungen z.B. in Geldwäscheaktivitäten, die über mehrere Staaten laufen und in denen Informationen und Unterlagen in vier oder fünf unterschiedlichen Sprachen benötigt und ausgewertet werden, können von normalen nationalen Dienststellen kaum noch umfassend und erfolgreich durchgeführt werden.

Solche internationale Großverfahren binden die ohnehin schon seltenen Spezialisten in Polizei und Staatsanwaltschaft über Jahre, wobei die Abwicklung durch Sprachprobleme, das komplizierte Rechtshilferecht und die Unkenntnis des nationalen Rechts der beteiligten Partnerstaaten weiter verlangsamt wird.

Auch hier zeichnen sich schon für die vor-konventionelle und mehr noch für die nach-konventionelle Phase Möglichkeiten ab:

So wie national in schwierigen und umfangreichen Verfahren, in denen die Befugnisse, Kenntnisse und technischen Möglichkeiten unterschiedlicher Strafverfolgungsbehörden genutzt werden müssen, Sonderkommissionen aufgestellt oder Task Forces eingerichtet werden, so könnten sich auch künftig Ermittlungen gegen internationale Kriminalität entwickeln. Nationale Beamte in künftigen internationalen Task Forces können die notwendigen Ermittlungsmaßnahmen aufgrund ihrer jeweiligen Zuständigkeit und Exekutivbefugnisse in ihrem Staat ergreifen, die Ermittlungen werden jedoch zentral geführt.

Es wäre sinnvoll, solche Task Forces bei Europol anzusiedeln, wo Raum, Kommunikationsverbindungen, ein gewisser internationaler Status und personelle Unterstützung gewährleistet werden könnte. Die Task Force würde unter alleiniger rechtlicher und politischer Verantwortung und Kontrolle der Mitgliedsstaaten arbeiten, könnte jedoch die Möglichkeiten und Vorteile von Europol voll nutzen.

Nicht eingegangen bin ich bisher auf die Kontrolle von Europol.

Die politische Kontrolle sowie die Rechts- und Fachaufsicht obliegt dem Rat der Innen- und Justizminister, die sich dazu eines "Aufsichtsrates", des sog. Verwaltungsrats, bestehend aus den Leitern der Polizeiabteilungen oder der zentralen Polizeibehörde, bedient. Gegenwärtig arbeiten die zuständigen Instanzen im dritten Pfeiler der Europäischen Union daran, Kompetenzen, Zusammensetzung, Verfahrensfragen und Finanzierung des Verwaltungsrats festzulegen.

Die parlamentarische Kontrolle obliegt gegenwärtig und wohl auch mittelfristig den nationalen Parlamenten, allenfalls langfristig dem Europäischen Parlament, für das die Konvention nur ein recht eingeschränktes Informationsrecht vorsieht. Über die Rechte der nationalen Parlamente sieht die Konvention nichts ausdrücklich vor, so daß die nationalen Parlamente nach dem jeweiligen unterschiedlichen nationalen Recht eine indirekte parlamentarische/demokratische Kontrolle über Europol ausüben können (Art. 34, Abs. 3 in Verbindung mit Art VI des EU Vertrages).

Die nationalen Datenschutzbeauftragten üben im Augenblick die Datenschutzkontrolle hinsichtlich der Tätigkeiten ihrer jeweiligen Verbindungsbeamten aus. Nach Inkrafttreten wird damit eine gemeinsame Europol-Datenschutzkommission, bestehend aus Vertretern aller Mitgliedstaaten, beauftragt.

Nach Inkrafttreten der Konvention werden drei für Europol benannte Mitglieder des Rechnungshofes der Europäischen Union Europol kontrollieren, was jetzt noch durch eine unabhängige niederländische Institution erfolgt. Zusätzlich prüft ein vom Verwaltungsrat benannter Finanzkontrolleur die Einhaltung der Haushaltsbestimmungen.

Eine gewisse justitielle Kontrolle im Wege der Vorabentscheidung obliegt dem Europäischen Gerichtshof, der diese Verantwortung jedoch nur bezogen auf das Verhältnis von Europol mit 14 Mitgliedstaaten, aber nicht bezogen auf Großbritannien hat. Allerdings hat die Frage der Zuständigkeit des Europäischen Gerichtshof für Europol vor allem prinzipielle politische, aber kaum praktische Bedeutung.

Für das Funktionieren von Europol ist viel bedeutsamer, daß die Rolle von nationalen Staatsanwaltschaften und Strafgerichten in der Konvention nicht geklärt ist. Informationen bei Europol werden aus staatsanwaltlichen und gerichtlichen Verfahren stammen. Europol wird in staatsanwaltlichen Ermittlungsverfahren unterstützen. So werden in vielerlei Hinsicht Europol und Justizbehörden Bezüge zueinander haben, für die in der Konvention keine Regelungen bestehen.

Während die Rolle des Europäischen Gerichtshofs im Rahmen der Ausarbeitung der Konvention erhebliche Diskussion ausgelöst hat, ist die Tatsache, daß in Artikel 33 die vorgesehene Regelung zur Arbeitssprache für Europol ebenfalls gestrichen wurde, fast unbemerkt geblieben. Hier werden wir eine interne Lösung finden.

Bisher habe ich nur über die zentrale Behörde Europol berichtet. Europol kann aber nicht alleine gesehen werden, vielmehr baut Europol-Arbeit auf der Zusammenarbeit mit den nationale Zentralstellen der Kriminalitätsbekämpfung, den nationalen Europol-Behörden, auf. Und der Aufbau oder der Ausbau solcher Zentralstellen fördert tatsächlich in besonderer Weise eine gemeinsame europäische Sicherheitsstrategie. In zentralen nationalen Einheiten werden die internationalen Interessen und Aktivitäten von Polizei, Gendamerie und Zoll zusammengeführt, von Behörden, die bisher miteinander konkurriert oder sich gar bis aufs Messer bekämpft haben. Europaweit werden gleiche moderne Bekämpfungsstrategien und Methoden eingeführt und Computer-, Fernmelde- und sonstige Technik wird international schrittweise kompatibel.

Die Errichtung von Europol führt auch schon dazu, daß man in den Mitgliedstaaten darüber nachdenkt, ein gemeinsames Strafrecht oder zumindest gleichlautende nationale Strafgesetze für neue, akute Kriminalitätsformen zu schaffen, um dann insoweit Zuständigkeiten auf Europol zu übertragen.

5. Regelungsbedarf für eine gemeinsame Kriminalitätsbekämpfung

Nachdem ich auf die augenblicklichen Probleme in der internationalen Verbrechensbekämpfung und beim Aufbau von Europol eingegangen bin, werde ich darlegen, wie aus unserer Sicht diese Schwierigkeiten überwunden werden könnten und sollten:

a. Rechts- und Amtshilfe und ihre Geschäftswege

Um auf die wachsende Mobilität von Straftätern und kriminellen Organisationen reagieren zu können und gleichzeitig im Interesse einer effektiven Strafverfolgung, aber auch des/der Verdächtigen zu handeln, müssen Informationsaustausch und die Durchführung von Rechts- und Amtshilfe erheblich beschleunigt werden. Dazu bedarf es der Verkürzung und Vereinfachung der polizeilichen und justitiellen Geschäftswege und des Aufbaus, der Fortentwicklung und der Zusammenfassung von Informationssystemen. Ziel muß es sein, rechtlich anerkannte Geschäftswege für einen unmittelbaren Informationsaustausch und eine direkte Zusammenarbeit der zuständigen lokalen und regionalen Strafverfolgungs- und Sicherheitsbehörden zu schaffen, ohne die Interessen der nationalen Zentralbehörden insbesondere im Bereich der Analyse und Koordination zu vernachlässigen.

Art. 39 des Schengener Zusatzübereinkommens ist der erste Schritt auf diesem Wege. Es könnte auch daran gedacht werden, einen multilateralen Geschäftsweg über Europol zu schaffen, der die Übermittlung vertraulicher Informationen ermöglicht.

Allerdings sind zusätzlich zu den Rechtsgrundlagen die technischen und fremdsprachlichen Voraussetzungen und eine entsprechende Aus- und Fortbildung für eine solche unmittelbare Zusammenarbeit zu schaffen.

Darüber hinaus muß ausgeschlossen werden, daß die unmittelbare Kontaktaufnahme nur nach einem vorherigen aufwendigen Genehmigungsverfahren zulässig ist.

b. Internationale Informationssysteme

Polizei- und Zollbehörden ebenso wie Justizbehörden müssen für Kontrollen, Ermittlungen und zur Abwehr von Gefahren jederzeit und möglichst an jedem Ort in Minutenfrist Zugang zu den für die Aufgabenerfüllung notwendigen Informationen aus allen Mitgliedstaaten haben.

Diese Systeme müssen für den Benutzer einfach zu bedienen sein und die Inhalte entweder durch Einführung einer einzigen Arbeits-/Fachsprache oder durch strikte Standardisierung und automatische Übersetzung überall verständlich sein.

Für den Betrieb und die Inhalte sind effektive und unbürokratisch arbeitende Gremien und Instrumente der rechtlichen/datenschutzrechtlichen sowie politischen/parlamentarischen Kontrolle vonnöten. Die bestehenden oder im Aufbau befindlichen Informationssysteme von OICP-Interpol, das Schengener Informationssystem (SIS), das Europäische Informationssystem (EIS), das Zoll-Informationssystem, das Europol-Informationssystem und weitere multilaterale Systeme sind - soweit rechtlich und technisch möglich - miteinander zu verbinden. Das kann international oder jeweils in den nationalen Zentralstellen geschehen. Um Kosten, Material und Personal zu sparen, sollten zumindest eine Standardisierung der Ausrüstung, der Nachrichtenstruktur und der Sprache erreicht und gemeinsame Fernmeldenetze genutzt werden.

c. Internationale Analysearbeit

Systematische Analysearbeit oder gar Intelligence-Arbeit (interaktive Informationsbeschaffung und -auswertung) nach wissenschafltlichen Methoden und mit moderner Informationstechnik, um Straftäter, kriminelle Organisationen, ihre Aktivitäten und die Ströme illegalen Geldes zu erkennen und damit die Gefahren abzuwehren und Ermittlungen zu initiieren und zu fördern, werden nur in wenigen EU-Staaten - und dort auch nur punktuell - betrieben. International finden solche Arbeiten nur in seltenen Ausnahmefällen statt. Hier gilt es, internationale Analysedateien innerhalb oder wenigstens in Verbindung mit obengenannten Informationssystemen zu schaffen, die auch sensitive Daten und noch nicht polizeilich und justitiell abschließend bewertete Daten enthalten. Insbesondere für diese Dateien müssen wirksame demokratische Kontrollinstrumente geschaffen werden.

Als Partner für diese internationalen Analysedateien, die vorzugsweise bei Europol und weltweit bei der OICP-Interpol betrieben werden, wären nationale Analyseeinheiten und -dateien einzurichten. Die Strukturen der Dateien und die Analysemethoden sind zu vereinheitlichen; eine gemeinsame Arbeitssprache würde die Zusammenarbeit erleichtern.

d. Internationale Koordination

Gegenwärtig erfolgt die Abwehr von grenzüberschreitenden Gefahren international häufig unkoordiniert. Parallele Ermittlungen gegen dieselben Straftäter oder Organisationen werden von Strafverfolgungsbehörden unterschiedlicher Mitgliedstaaten in Unkenntnis der jeweiligen ausländischen Verfahren oder zumindest unkoordiniert betrieben. Grenzüberschreitende operative Maßnahmen wie z.B. 'Kontrollierte Lieferungen' sind, sobald sie mehr als zwei Staaten betreffen, selten. Das liegt einmal an den oben geschilderten Schwierigkeiten im Informationsaustausch und der gegenseitigen Rechts- und Amtshilfe, andererseits aber auch an dem Fehlen einer internationalen Koordinationsstelle Europol sollte diese Aufgaben zukünftig übernehmen.

e. Internationale Ermittlungen

Internationale Ermittlungen gegen weltweit oder europaweit agierende kriminelle Organisationen finden nicht statt. Allenfalls versuchen nationale oder regionale Behörden zu kriminellen Aktivitäten mit internationalem Bezug, soweit sie sich in ihrem Zuständigkeitsbereich abspielen, zu ermitteln und dafür Informationen und exekutive Maßnahmen in den anderen Staaten zu erlangen bzw. in langwierigen Verfahren der Rechts- und Amtshilfe durchführen zu lassen. Erfolge werden gegen solche kriminellen Organisationen als Ganzes oder ihre Chefs trotz aller Erfolgsmeldungen so praktisch nie erzielt. Für eine erfolgreiche Bekämpfung internationaler krimineller Konzerne sind wirkliche internationale Ermittlungen vonnöten, die nicht nur aus regionaler oder nationaler Sicht und mit den beschränkten rechtlichen, technischen und personellen Möglichkeiten nationaler Behörden geführt werden. Für solche Aufgaben eignen sich ständige internationale Sonderkommissionen, die kurz- oder mittelfristig eingericht werden könnten, oder langfristig eine europäische Ermittlungsbehörde.

f. Vereinheitlichung des Strafrechts

Internationale Zusammenarbeit bei der Verbrechensbekämpfung setzt grundsätzlich Strafbarkeit in allen beteiligten Staaten voraus. Es erscheint fast unmöglich, das teilweise jahrhundertalte, unterschiedliche Strafrecht der Mitgliedstaaten bezogen auf 'klassische' Kriminalität zu vereinheitlichen. Allerdings sind die Unterschiede im Kern nicht sehr groß, wenn wir von einigen Bereichen der Wirtschaftskriminalität absehen, so daß die Zusammenarbeit insoweit nicht ernsthaft leidet. Gefährlich wären Unterschiede aber bei der Pönalisierung moderner Kriminalitätsformen.

Deshalb sind zu neuen Kriminalitätsformen wie Umweltkriminalität, illegaler Organhandel, Computerkriminalität usw. einheitliche Straf- und Zollvorschriften zu erlassen, sei es als Gemeinschaftsrecht, sei es durch Abschluß entsprechender Konventionen.

g. Probleme und Regelungsdefizite im Zusammenhang mit der Europol-Konvention

Die meisten Artikel der Konvention sind oder müssen noch in Ausführungsbestimmungen umgesetzt werden. Schwerpunkte sind die Regelungen zu den Arbeitsmethoden von Europol, das Zusammenwirken von Europol mit den nationalen Stellen der Mitgliedstaaten sowie mit Drittstaaten und internationalen Organisationen, die Systemarchitektur der Dateien und der Datenschutz sowie das interne Personal- und Finanzrecht. Neben diesen Ausführungsbestimmungen sind allerdings auch prinzipielle Fragen offen geblieben. Dabei sind die Zusammenarbeit mit Strafgerichten und Staatsanwaltschaften sowie die Frage der Arbeitssprachen zu nennen. Hier sind schnelle politische Entscheidungen und eine rechtliche Umsetzung durch rasche Ratifizierung der Europol-Konvention erforderlich.

Trotz der vielen offenen Probleme und Regelungsdefizite bewerte ich die bisherige Entwicklung positiv. Erstmals schaffen wir eine intergouvernementale Strafverfolgungsorganisation, die unter Respektierung der Souveränität der Mitgliedstaaten arbeitet und bessere Chancen für eine gemeinsame Kriminalitätsbekämpfung eröffnet. Regierungen, Strafverfolgungsbehörden und Parlamente wirken an dieser Entwicklung mit, die nach nationalen Maßstäben schnell, nach internationalen Maßstäben sehr schnell abläuft.

IV.

Bürgerrechte und Datenschutz

Nationale Grundrechte - Internationale Bedrohungen Rechtliche Herausforderungen als Folge der Globalisierung

Edzard Schmidt-Jortzig

I.

Wir leben in einer Zeit zunehmender Globalisierung, die uns neue rechtliche Herausforderungen stellt. Schon die moderne Verkehrstechnik hat die Welt enger zusammenrücken lassen. Für die sich explosionsartig entwickelnde Informationstechnologie existieren nationale Grenzen kaum noch. Grenzkontrollstellen passen nicht zu Datenautobahnen. Von diesem Prozeß werden gesellschaftliche Werte auf Dauer ebenso berührt wie die staatlichen Rechtsordnungen mit ihren nationalen Grundrechten.

Deutlich wird dies an dem Phänomen der Organisierten Kriminalität, das in den letzten Jahren mit zunehmender Besorgnis beobachtet wird.
Die Organisierte Kriminalität macht sich den technischen Fortschritt für ihre Zwecke zunutze und überwindet mühelos Staatsgrenzen, die sich für Polizei und Justiz als Hindernisse bei der wirksamen Bekämpfung dieser Verbrechensform darstellen.

1.

Was verstehen wir unter Organisierter Kriminalität ?
Zunächst nur Theorie. Organisierte Kriminalität wird von Justiz und Polizei beschrieben als *"die von Gewinn- oder Machtstreben bestimmte planmäßige Begehung von Straftaten, wenn mehr als zwei Beteiligte auf längere Dauer arbeitsteilig zusammenwirken"*.

Hinzukommen muß mindestens eines von drei typischen Merkmalen der Organisierten Kriminalität, nämlich die Verwendung geschäftsähnlicher Strukturen, die Anwendung von Gewalt oder die Einflußnahme auf Politik, Medien, öffentliche Verwaltung, Justiz oder Wirtschaft.

2.

In der Praxis hat die Organisierte Kriminalität vielfältige Erscheinungsformen. So findet der vom Staat verbotene Handel illegal statt. Er reicht vom Handel mit gestohlenen Gütern über den Rauschgift- und Waffenhandel bis hin zu zwei zunehmend lukrativen Geschäftsfeldern des Verbrechens, nämlich dem Handel mit Sondermüll und radioaktiven Substanzen einerseits und dem Handel mit Menschen - sei es im Zusammenhang mit der Prostitution, sei es im Zusammenhang mit der illegalen Einschleusung von Ausländern - andererseits. Aber nicht nur der Handel, auch die Kapitalmärkte bieten dem organisierten Verbrechen zunehmende Betätigungsmöglichkeiten. Früher stand die Herstellung und Verbreitung von Falschgeld im Mittelpunkt. Heute liegt der Schwerpunkt auf der Fälschung und dem Mißbrauch moderner Zahlungsmittel wie Euroschecks oder Kreditkarten und in der Nutzung des internationalen Kapitalmarktes zur Geldwäsche.

Dabei macht die Organisierte Kriminalität naturgemäß nicht an Staatsgrenzen halt. Ein Paradebeispiel ist der Handel mit illegalen Drogen: Die Staaten Westeuropas und Nordamerikas sind der größte Absatzmarkt für Heroin und Kokain. Die Produkte werden überwiegend in Asien und Südamerika hergestellt.

3.

Innerhalb der Organisierten Kriminalität entwickelt sich die internationale Kooperation rasch. Diese Kooperation steht in ihren Strukturen wohl noch hinter den Strukturen legal agierender Konzerne zurück. Der Organisationsgrad nimmt aber zu. Rein illegal agierende mafiose Strukturen kennen bereits den auch international handelnden Zusammenschluß von Einzel- oder Familien"unternehmen". Heute dringen sie aber zunehmend durch Gründung von Tarngesellschaften in legale Wirtschaftsbereiche ein. Sie erwerben unerkannt Unternehmen, Firmenbeteiligungen oder Immobilien. Dies dient nicht nur der Geldwäsche. Legale Strukturen sichern mit Hilfe der staatlichen Rechtsordnung die Stellung ihrer Inhaber und eröffnen dem Verbrechen neue Organisationsformen. Legale Strukturen eröffnen aber auch die Möglichkeit, die Einflußnahme auf gesellschaftliche und staatliche Handlungsfelder von der Macht der Gewalt auf die Macht des Geldes umzustellen. Unterstützt wird dieses Vorgehen durch modernste Techniken. Handy und Faxgerät werden auch von der Organisierten Kriminalität selbstverständlich genutzt.

Die Entwicklung geht aber noch weiter: Jüngst berichtete der SPIEGEL über das Phänomen "Internet" in einer mehrteiligen Serie, daß komplizierte Software digitale Depeschen so effizient verschlüssele, daß kein Unbefugter sie öffnen könne. Dies eignet sich natürlich auch für Drogendeals und andere dunkle Machenschaften.

Dieser international strukturierten Form der Kriminalität ist mit Mitteln nicht mehr beizukommen, die an den Grenzen des Nationalstaats haltmachen müssen.

II.

Die Antwort auf die Internationalisierung der Kriminalität ist die internationale Verbrechensbekämpfung. Sie verlangt nach grenzüberschreitenden Aktivitäten sowohl auf regionaler Ebene insbesondere in Europa als auch darüber hinaus weltweit zwischen allen Mitgliedern der Staatengemeinschaft.

1.

Mit einer solchen internationalen Zusammenarbeit zur Bekämpfung des international organisierten Verbrechens kommt der Staat seiner Aufgabe zur Aufrechterhaltung einer funktionstüchtigen Strafrechtspflege nach. Diese Aufgabe ist ihm durch das Grundgesetz auferlegt. Das Rechtstaatsprinzip enthält als wesentlichen Bestandteil die Pflicht zur Rechtsgewähr, d.h. zum An-die-Hand-Geben entsprechend regelnder, schützender Rechtsvorschriften sowie zum Vorhalten von Einrichtungen zu ihrer Überwachung und Durchsetzung, sprich also: Gerichte. Ohne eine funktionstüchtige Strafrechtspflege kann die sog. "Rechtsgewährung" nicht erfüllt werden. Vor allem aber ist es Sache eines Rechtsstaates, den Schutz der Bürger mit seinen hoheitlichen Mitteln zu gewährleisten, und in diesem Zusammenhang werden auch die Grundrechte relevant. Sie statuieren als objektive Normen eine Pflicht des Staates, sich schützend, bewahrend und fördernd für sie einzusetzen. Es ist also Aufgabe des Staates, die Grundrechte seiner Bürger durch eine effektive Strafrechtspflege vor kriminellen Eingriffen zu schützen. Es gibt zwar nicht - wie mitunter behauptet wird - ein spezifisches "Grundrecht auf Sicherheit", aber schon die verfassungsrechtliche Grundrechtspflicht enthält einen Auftrag zur effektiven Kriminalitätsbekämpfung.

Das ist die eine Seite der grundrechtlichen Medaille. Die andere Seite ist das verfassungsrechtliche Gebot, bei der Kriminalitätsbekämpfung die Grundrechte nicht zu verletzen. Hier kommen die Grundrechte nicht als objektive Wertordnung, sondern in ihrer ureigensten Funktion zum Tragen, nämlich als Abwehrrechte des Bürgers gegen den Staat. Der Staat hat auch dann, wenn er übernational tätig wird, die Grundrechte zu respektieren. Dies gilt im übrigen auch dann, wenn er sich zur Verbrechensbekämpfung einer internationalen Organisation anschließt. Dieses Spannungsverhältnis in jedem Einzelfall auszutarieren, ist eine Aufgabe, die den Staat immer wieder fordert.

2.

Der Staat kann heute seiner aus der Verfassung folgenden Pflicht zur Sicherung der Grundrechte, und zwar durch eine effektive Bekämpfung der vom internationalen Verbrechen ausgehenden Bedrohung, oft nur durch übernationale Zusammenarbeit gerecht werden. Dabei setzen ihm wiederum die Grundrechte als Abwehrrechte Grenzen. Auch wenn der Staat international tätig wird oder seine Befugnisse auf internationale Organisationen überträgt, hat er die Grundrechte zu achten.

3.

Die konkreten Auswirkungen dieses Spannungsverhältnisses möchte ich an einem Fall im Bereich der internationalen Strafrechtshilfe, etwa bei der Auslieferung von Straftätern verdeutlichen. Hier stellt die Möglichkeit der Verhängung und Vollstreckung der Todesstrafe, die nicht nur in vielen Staaten Mittel- und Osteuropas noch besteht, eine Belastung nicht nur des Auslieferungs-, sondern des gesamten Rechtshilfeverkehrs dar.

Stellen Sie sich nur zum Beispiel folgendes vor:

Die Justiz eines Staates, dessen Gesetze für den Handel mit illegalen Drogen einer bestimmten Menge zwigend die Todesstrafe vorsieht, richtet an die deutsche Justiz ein Ersuchen um Vernehmung eines bestimmten Zeugen. In dem Verfahren geht es ersichtlich um einen Tatvorwurf, dessen Nachweis den Beschuldigten im wahrsten Sinne des Wortes den Kopf kosten würde. Kann nicht auf andere Weise sichergestellt werden, daß in dem konkreten Fall die Todesstrafe nicht verhängt oder wenigstens nicht vollstreckt wird - etwa durch eine verläßliche Zusage des ersuchenden Staates -, so würden der Leistung von Rechtshilfe durch Deutschland durchgreifende verfassungsrechtliche Bedenken entgegenstehen.

III.

1.

Ich möchte damit auf die Anstrengungen des Staates bei der internationalen Zusammenarbeit zur Verbrechensbekämpfung kommen. Begonnen hat eine effektive Zusammenarbeit mit der strafrechtlichen Rechtshilfe.

a.

Der Europarat hat seit Mitte der 50er Jahre ein weltweit einmaliges Netz aus mittlerweile 20 strafrechtlichen Übereinkommen geknüpft, das die Durchführung nahezu jeder Art strafrechtlicher Rechtshilfe erlaubt. Die "Klassiker" dieser Übereinkommen sind das Europäische Auslieferungsübereinkommen von 1957 und das Europäische Übereinkommen über die Rechtshilfe in Strafsachen von 1959. Diese multilateralen Abkommen ermöglichen einen vereinheitlichten Rechtshilfeverkehr zwischen den Vertragsstaaten und bieten im Vergleich zu bilateralen Abkommen den Vorteil, daß der Zeit- und Verwaltungsaufwand minimiert wird. Sie stehen allen Mitgliedstaaten des Europarates zum Beitritt offen und - soweit es sich nicht um "geschlossene" Übereinkommen handelt - unter bestimmten Voraussetzungen auch Nichtmitgliedstaaten. Von dieser Möglichkeit hat beispielsweise als nichteuropäischer Staat auch Israel Gebrauch gemacht.

b.

Erheblich an Bedeutung gewonnen haben diese Verträge in jüngerer Zeit durch die Öffnung des ehemaligen Ostblocks. Hierdurch entstand eine neue Herausforderung an die internationale Zusammenarbeit der Staaten auf dem Gebiet strafrechtlicher Rechtshilfe, die insbesondere Deutschland aufgrund seiner geographischen Lage im Zentrum Europas und an der Nahtstelle zwischen den früheren Blöcken besonders trifft. Ihr standen aber weder ausreichende Instrumentarien der strafrechtlichen Zusammenarbeit noch einschlägige praktische Erfahrungen gegenüber. Zur Lösung dieses Problems boten und bieten sich die multilateralen Verträge des Europarates an.

Die beiden oben genannten strafrechtlichen Übereinkommen des Europarates über den Auslieferungs- und den Rechtshilfeverkehr in Strafsachen wurden mittlerweile von mehreren Staaten Mittel- und Osteuropas ratifiziert oder zumindest gezeichnet. Von einer flächendeckenden Geltung dieser Übereinkommen in allen Staaten Mittel- und Osteuropas sind wir aber noch weit entfernt.

c.

Einen über die Konventionen des Europarates hinausgehenden Fortschritt im Bereich der rechtlichen Zusammenarbeit in Strafsachen stellt das Übereinkommen über das vereinfachte Auslieferungsverfahren zwischen den Mitgliedsstaaten der Europäischen Union dar, das am 10. März verfangenen Jahres von allen Mitgliedstaaten gezeichnet worden ist. Im Kern sieht es eine Beschleunigung der Auslieferung von Personen vor, die aufgrund einer Fahndung zum Zwecke der Auslieferung vorläufig festgenommen wurden und ihrer Übergabe an den ersuchenden Staat im vereinfachten Verfahren zustimmen. Sie werden binnen vierzig Tagen überstellt, ohne daß ein formelles Auslieferungsersuchen mit umfangreichen Auslieferungsunterlagen vorgelegt werden und ein Gericht über die Sache entscheiden muß. Soweit zur Entwicklung der strafrechtlichen Rechtshilfe.

2.

In der Europäischen Union wurden und werden als Antwort auf die durch den weitgehenden Wegfall der Binnengrenzen gestiegenen Gefahren durch das international organisierte Verbrechen über die strafrechtliche Rechtshilfe hinaus gemeinsame Einrichtungen zur Kriminalitätsbekämpfung geschaffen.

a.

Der bis jetzt weitestgehende Schritt in eine Europäische Union ohne Binnengrenzen ist das Schengener Übereinkommen von 1985 und das 1990 unterzeichnete Durchführungsübereinkommen. Das letztere ist vor gut einem Jahr, nämlich am 26. März 1995, in Kraft gesetzt worden. Diese Übereinkommen folgen dem Gedanken, daß größtmögliche Freizügigkeit für den Unionsbürger im Inneren des Binnenmarktes notwendigerweise Ausgleichsmaßnahmen für den Abbau der Kontrollen an den Binnengrenzen voraussetzt.

Ein wichtiges Instrument, um dem Eindringen von Gefahren und Risiken in den Binnenraum wirksam entgegenzutreten, ist das Schengener Informationssystem (SIS). Dieses elektronisch gestützte gemeinsame Informations- und Fahndungssystem ist weltweit das erste technische Instrument, das viele Staaten zu einem großen Fahndungsverbund vereint. Das Schengener Informationssystem besteht aus einem zentralen Datenbestand in Straßburg und nationalen Dateien in den Schengenstaaten. Im Rahmen der Personenfahndung werden z.B. Personen ausgeschrieben, die festgenommen, deren Aufenthalt ermittelt oder denen die Einreise in das Schengengebiet verweigert werden soll. Bei der Sachfahndung können z.B. gestohlene Kraftfahrzeuge, Schußwaffen und Ausweise ausgeschrieben werden. Als das System seinen Betrieb am 26. März 1995 aufnahm, waren in ihm rund 2 Mio. Datensätze geladen. Mitte 1995 war die Zahl der Datensätze bereits auf über 3 Mio. angewachsen.

Die Aufnahme weiterer Staaten in den Schengen-Kreis und die vorgesehene Kooperation mit Island und Norwegen machen es erforderlich, die Planung für ein größer angelegtes SIS II aufzunehmen.

b.

Nicht nur für die sogenannten Schengen-Staaten, sondern für alle Mitgliedstaaten der Europäischen Union markiert der Vertrag von Maastricht eine neue Phase der Zusammenarbeit auf dem Gebiet der Inneren Sicherheit. Die Regelungen zur Innen- und Justizpolitik der Mitgliedstaaten bilden den sogenannten *"Dritten Pfeiler von Maastricht"* (neben der gemeinsamen Wirtschaftspolitik und der gemeinsamen Außen- und Sicherheitspolitik).

Wesentliches Element des gemeinsamen Handelns der Mitgliedstaaten ist das Europäische Polizeiamt "Europol", erwähnt in Artikel K.1 Nr. 9 des EU-Vertrages vom 7. Februar 1992. Dort wird als eine Angelegenheit von gemeinsamen Interesse bezeichnet:
"Die polizeiliche Zusammenarbeit zur Verhütung und Bekämpfung des Terrorismus, des illegalen Drogenhandels und sonstiger schwerwiegender Formen der internationalen Kriminalität (....) in Verbindung mit dem Aufbau eines unionsweiten Systems zum Austausch von Informationen im Rahmen eines europäischen Polizeiamts (Europol)."

Eine Vorläuferorganisation von Europol ist die Anfang 1994 in Den Haag eingerichtete *Europol-Drogenstelle* (EDS). Dort findet auf der Grundlage der nationalen Rechtssysteme ein Informationsaustausch zwischen den 15 Mitgliedstaaten statt, und zwar über Verbindungsbeamte, die jeweils Zugang zu ihrem nationalen Informationssystem haben. EDS hatte bereits in den vergangenen Jahren Gelegenheit, in mehreren hundert Fällen grenzüberschreitender Drogenkriminalität ihre Leistungsfähigkeit unter Beweis zu stellen. Dies führte unmittelbar zu Beschlagnahmen und Festnahmen. Im März vergangenen Jahres hat der Rat "Justiz und Inneres" beschlossen, die Zuständigkeit der Europol-Drogenstelle auf weitere Kriminalitätsfelder auszuweiten, nämlich den Handel mit radioaktiven und nuklearen Materialien, die Schleuserkriminalität, die Kfz-Verschiebung und die damit verbundene Geldwäsche. Im Lichte der Vorkommnisse des letzten Jahres hat der Rat im Dezember 1996 darüber hinaus das Mandat der Europol-Drogenstelle auch auf den Menschenhandel und die sexuelle Ausbeutung von Kindern ausgedehnt.

Europol selbst wird mit der Aufnahme seiner Arbeiten nach Inkrafttreten der Konvention über eine eigene Rechtspersönlichkeit verfügen. Nach der Konvention wird es - in einem ganz anderen Maß als dies EDS heute möglich ist - Aufgaben einer kriminalpolitischen Zentralstelle übernehmen und insbesondere personenbezogene Daten speicher können. Dabei wird es jedoch keine eigenen Exekutivbefugnisse erhalten. Zur Erfüllung seiner Aufgaben wird bei Europol ein Informationssystem eingerichtet, das den zugriffsberechtigten Behörden ermöglicht festzustellen, ob Erkenntnisse zu einschlägigen Straftätern in den anderen Mitgliedstaaten oder bei Europol vorhanden sind. Daneben kann Europol eigene kriminalpolizeiliche Analysen vornehmen.

Die Regelung des Rechtsschutzes war eine der schwierigsten Fragen in den Verhandlungen über den Konventionstext. Dabei stand sowohl der Rechtsschutz bei Streitigkeiten der Staaten untereinander und mit Europol als auch der Rechtsschutz betroffener Bürger zur Debatte. Über die Einbeziehung des Europäischen Gerichtshofs in den Individualrechtsschutz ist im Juli 1996 nach langer Diskussion ein Zusatzprotokoll unterzeichnet worden, das die Einbindung des EuGH im Wege von Vorabentscheidungen bei Auslegungsfragen vor nationalen Gerichten vorsieht. Unabhängig davon steht dem Bürger jedoch für die ganz überwiegende Zahl der möglichen Rechtsstreitigkeiten, nämlich die Auskunfts- und Löschungsbegehren, der Rechtsweg zu der gemeinsamen Kontrollinstanz bei Europol offen, die justizförmlich ausgestaltet wird.

Im Juni 1995 hat der Rat in Cannes festgestellt, daß die Europol-Konvention zeichnungsreif ist; die Unterzeichnung erfolgte im Juli 1995. Derzeit befindet sich die Konvention in den mitgliedschaatlichen Ratifizierungsverfahren. Bis zum Inkrafttreten der Konvention nach Abschluß des Ratifizierungsverfahrens in den einzelnen Mitgliedstaaten wird die Europol-Drogenstelle ihre Tätigkeit fortsetzen.

c.

An dieser Stelle kommt wieder der eingangs dargelegte Konflikt zwischen dem Verfassungsauftrag zur effektiven Kriminalitätsbegrenzung und der Sicherung der Grundrechte zum Tragen. Dem Verfassungsauftrag zur effektiven Kriminalitätsbekämpfung trägt die Schaffung von Europol Rechnung. Problematisch könnte sich aber der Schutz nationaler Grundrechte gegenüber Maßnahmen von Europol darstellen. Es bleibt abzuwarten, ob der vorgesehene Individualrechtsschutz durch einen Rechtsweg zu einer gemeinsamen Kontrollinstanz für Europol ausreichen wird, um diesen Grundrechtsschutz zu sichern. Ich erwähnte bereits das Zusatzprotokoll von Juli 1996, welches für bestimmte Fragen die Zuständigkeit des EuGH für Vorabentscheidungsverfahren begründet Im übrigen besteht die Gefahr, daß die Arbeit von Europol durch 15 nationale Gerichtsbarkeiten an 15 unterschiedlichen Grundrechtskatalogen überprüft wird.

Damit stellt sich letztlich die Frage nach einem gemeinsamen europäischen Grundrechtsschutz gegen Maßnahmen europäischer Institutionen, einklarbar vor dem Europäischen Gerichtshof.

Die Schaffung von Europol unterstreicht die Bedeutung eines gemeinsamen europäischen Grundrechtsschutzes. Derzeit bestimmt Artikel F Absatz 2 des EU-Vertrages von Maastricht, daß die Union die Grundrechte achtet, wie sie in der Europäischen Menschenrechtskonvention EMRK gewährleistet sind und wie sie sich *"aus den gemeinsamen Verfassungsüberlieferungen der Mitgliedstaaten als allgemeine Grundsätze des Gemeinschaftsrechts ergeben"*.

Die Forderung nach einem förmlichen Ausbau des Grundrechtsschutzes hat die Grundrechtsdiskussion und -entwicklung in der Gemeinschaft von Beginn an begleitet. In diesem Zusammenhang stehen auch die Überlegungen, die auf einen Beitritt der Gemeinschaft zur EMRK abzielen. Inzwischen steht aber fest, daß dieser Beitritt ohne Änderung des Gemeinschaftsrechts nicht möglich sein wird: In einem Gutachten vom 28. März diesen Jahres hat der Europäische Gerichtshof befunden, daß die Gemeinschaft beim gegenwärtigen Stand des Gemeinschaftsrechts nicht über die Zuständigkeit verfügt, der EMRK beizutreten. Dieses Gutachten hat im Rahmen der Regierungskonferenz 1996 allerdings keine negativen Auswirkungen. Nun steht die Frage der Schaffung der vertraglichen Grundlagen für einen Beitritt der Gemeinschaft zur EMRK dort zur Diskussion und Entscheidung. Längerfristig trete ich für die Schaffung eines gemeinsamen europäischen Grundrechtskataloges ein, der auch einen Weg zur Auflösung des Konfliktes zwischen internationaler Verbrechensbekämpfung und nationalen Grundrechten weisen könnte.

d.

Auch nach der Schaffung von Europol besteht Regelungsbedarf. Im Bereich der Ermittlungen gilt dies insbesondere für die "sog. modernen Ermittlungsmethoden", wie z.B. grenzüberschreitende Observation und grenzüberschreitender Einsatz verdeckter Ermittler. Hier müssen hinreichend klare völkerrechtliche Rechtsgrundlagen geschaffen werden. Zum Zeitpunkt der Erarbeitung insbesondere des Europäischen Übereinkommens über die Rechtshilfe in Strafsachen in den 50er Jahren waren diese Techniken noch nicht bekannt, es fehlen daher Regelungen.

Auf der Grundlage eines Problempapiers des Bundesministeriums der Justiz wird sich die Europäische Union in den zuständigen Gremien in Kürze damit befassen, ein entsprechendes völkerrechtliches Instrument zu erarbeiten. Ein solches Abkommen müßte im Sinne des oben dargestellten Konfliktes wiederum einen Ausgleich zwischen dem Einsatz moderner Ermittlungsformen im Interesse einer effektiven Strafverfolgung auf internationaler Ebene und der Sicherung der Grundrechte finden.

Die Schwierigkeiten, auf die solche Verhandlungen treffen können, möchte ich am Beispiel der Telefonüberwachung verdeutlichen:

Deutschland und die USA verlangen für die Zulässigkeit einer Telefonüberwachung z.B. das Vorliegen einer katalogmäßig aufgeführten Straftat. Dagegen knüpfen Österreich und Frankreich an abstrakte Strafbarkeitsgrenzen von ein oder zwei Jahren an, während Großbritannien und die Schweiz den unbestimmten Gesetzesbegriff der "schweren Straftat" verwenden. In Frankreich wiederum gilt das Prinzip der Freiheit der Beweiserhebung, so daß die Anordnung einer Telefonüberwachung ausschließlich von Zweckmäßigkeitsüberlegungen abhängt. Nach dänischem Recht ist das Abhören fremder Gespräche strafbar, doch ist die akustische Raumüberwachung als Ermittlungsmaßnahme gerechtfertigt, wenn die

Ermittlungen eine Tat betreffen, die mit Gefängnisstrafe von sechs Jahren oder mehr bedroht ist oder die ein vorsätzlich begangenes Staatsschutzdelikt darstellt oder eine von sieben Katalogtaten erfüllt. Die Anordnungskompetenz für eine Telefonüberwachung liegt in England und Wales bei einem höheren Polizeibeamten, in Deutschland grundsätzlich beim Richter.

Man kann an diesem Beispiel erahnen, welche Probleme auftreten können, wenn so unterschiedliche Rechtsordnungen aufeinandertreffen.

3.

All den geschilderten Bemühungen um eine internationale Zusammenarbeit bei der Verbrechensbekämpfung war bisher eins gemein: Zielvorstellung war immer der Straftäter, der die Staatsgrenzen überwindet und den der Staat in den Zuständigkeitsbereich seiner nationalen Strafjustiz zurückzuführen sucht.

Am Anfang stand die bilaterale Zusammenarbeit bei der strafrechtlichen Rechtshilfe. Es folgten multilateriale Abkommen zur Vereinfachung der Rechtshilfe. Am Ende der Entwicklung stehen gemeinsame Einrichtungen wie die Europol als Antwort auf das international organisierte Verbrechen.
Die Entwicklung geht hier also den Schritt von der nationalen Ebene auf die internationale Ebene.

IV.

Nun möchte ich mich einem Thema zuwenden, bei dem die Entwicklung genau umgekehrt verläuft, nämlich dem Bemühen um eine internationale Strafgerichtsbarkeit.

1.

Ausgehend vom Völkerrecht, das sich traditionell auf die zwischenstaatlichen Beziehungen beschränkte, bedurfte es keiner internationalen Straf-

gerichtsbarkeit, ja war eine solche unvorstellbar. Strafrecht war Sache der Nationalstaaten. Die Weltordnung wurde leider nicht über den Richter, sondern über Kriege gestaltet.
Mit dem Ende des 2. Weltkrieges änderte sich diese Entwicklung; die UNO sollte für eine friedliche Streitbeilegung zwischen den Staaten sorgen. Es ist deshalb auch kein Zufall, daß der Nürnberger Militärgerichtshof mit seinem Prozeß gegen die Hauptkriegsverbrecher der erste internationale Strafgerichtshof war, der diesen Namen verdient. Die Einsetzung internationaler Strafgerichtshöfe folgt der Überzeugung, daß die Anliegen der Friedenssicherung und die Sicherung der Menschenrechte in dieselbe Richtung zielen. Die Aufgabe solcher Internationaler Strafgerichte ist deshalb zunächst einmal auf den Schutz von Grund- und Menschenrechten gerichtet.

2.

Die entsetzlichen Vorgänge in Ex-Jugoslawien und Ruanda haben erneut gezeigt, daß staatliche Ordnungen so restlos zerbrechen können, daß große Teile der Bevölkerung den Exzessen, die von irgendwelchen Machthabern angeordnet oder zugelassen werden, zum Opfer fallen. Als Antwort auf die Kriegsverbrechen hat der Sicherheitsrat der Vereinten Nationen die Internationalen Strafgerichtshöfe für Jugoslawien und für Ruanda eingerichtet.

Täter, die glauben, in der Anarchie eines Krieges oder Bürgerkrieges die entsetzlichsten Verbrechen begehen zu dürfen, ohne sich jemals dafür verantworten zu müssen, sollten sich dessen jedenfalls nicht sicher sein.

Insofern hat die Staatengemeinschaft begünstigt durch das Ende des Kalten Krieges erstmals seit Nürnberg kollektiv versucht, die Verantwortung für die Sicherung der elementaren Menschenrechte durch internationale Strafgerichtshöfe auszuüben.

In gewisser Weise zeigt sich hier ein Zusammenhang zwischen der Verantwortung der internationalen Staatengemeinschaft zur Sicherung der Menschenrechte und der Verpflichtung des einzelnen Staates zur Sicherung der durch die Grundrechte vorgegebenen objektiven Wertordnung.

3.

Es verwundert insofern nicht, daß auch hier die andere Seite der Medaille zum Tragen kommt, nämlich die im Konflikt mit dem Ziel effektiver Strafverfolgung stehenden Menschen- bzw. Grundrechte als Abwehrrechte des Bürgers. Das Strafrecht ist eine der schärfsten Waffen jedes Staates. Diese Waffe vermag die Rechte des Einzelnen sehr leicht - und manchmal irreparabel - zu verletzen. Eines der Kennzeichen eines Rechtsstaates ist daher ein besonders ausgeprägter Schutz der Grundrechte in Strafrecht und Strafverfahren. Auch wenn der Staat Personen an einen internationalen Gerichtshof überstellt, muß er sicher sein können, daß dieser Person ein besonderer Grundrechtsschutz - wie er auch im Internationalen Pakt über bürgerliche und politische Rechte von 1966 verlangt wird - zugutekommt. Deshalb ist es sowohl für die Betroffenen als auch für die effektive Arbeit dieser Gerichtshöfe wichtig, den Grundbestand rechtsstaatlicher Regeln in ein internationales Strafverfahren vor den Internationalen Strafgerichtshöfen einzubringen.

Ein besonderes Problem stellt in diesem Zusammenhang für viele Staaten die Auslieferung eigener Staatsangehöriger dar. Aufgrund der Resolutionen des UN-Sicherheitsrates und der Statuten der Internationalen Strafgerichtshöfe für Jugoslawien und Ruanda sind die Staaten aber zur Überstellung Beschuldigter an die Strafgerichtshöfe verpflichtet. Diese Verpflichtung erstreckt sich auch auf eigene Staatsangehörige. Artikel 16 Abs. 2 GG verbietet unserem, d.h. dem deutschen Staat jedoch die Auslieferung Deutscher an das Ausland. Dieses Verbot gilt ausnahmslos, also auch für eine Überstellung eines Deutschen etwa an den Internationalen Strafgerichtshof für das ehemalige Jugoslawien. Bei der Verabschiedung des Jugoslawien-Strafgerichtshof-Gesetzes im März 1995 bestand daher Einigkeit, daß die Überstellung Deutscher ohne eine entsprechende Änderung des Grundgesetzes nicht möglich ist. Diese Problematik bedarf noch intensiver Prüfung. Verfassungsänderungen gerade im sensiblen Grundrechtsbereich erfordern eine sorgfältige Abwägung aller Gründe pro und contra.

4.

Der Internationale Strafgerichtshof für das frühere Jugoslawien hat inzwischen ein erstes Verfahren durch Urteil beendet; weitere Angeklagte befinden sich in Haft. Dieses Instrument funktioniert also; wie effektiv es ist, wird man erst später beurteilen können. Ich möchte daher an dieser Stelle nicht die Tätigkeit der beiden Internationalen Strafgerichtshöfe für das ehemalige Jugoslawien und für Ruanda bewerten.

Statt dessen möchte ich auf die vielleicht weniger bekannten Arbeiten an einem Statut für einen ständigen Internationalen Strafgerichtshof eingehen. Der wesentliche Unterschied zu den beiden existierenden Gerichtshöfen ist klar: Während der Sicherheitsrat mit der Errichtung dieser beiden Strafgerichtshöfe auf eine eingetretene Situation reagierte, soll das neue Statut vorsorglich für künftige Zusammenbrüche sozialer und staatlicher Ordnung ein Strafgericht bereithalten. Die Gerichtsverfassung, Teile des Verfahrens und die einschlägigen Tatbestände sollen in einem völkerrechtlichen Übereinkommen vereinbart werden; einen Entwurf dazu hat die Völkerrechtskommission der Vereinten Nationen in mehrjähriger Arbeit erstellt. Auf der Basis dieses Entwurfs erarbeitet nunmehr eine Vorbereitungskommission ein Statut eines Ständigen Internationalen Strafgerichtshofs. Im Sommer 1988 soll dieses Statut so weit gediehen sein, daß es auf einer Diplomatischen Konferenz von möglichst vielen Staaten verabschiedet werden kann. Die Bundesregierung unterstreicht diese Arbeiten mit Nachdruck. Dabei gilt es, in den Verhandlungen sicherzustellen, daß die grundlegenden Anforderungen an ein rechtsstaatlich geordnetes Verfahren eingehalten und wesentliche Verfahrensgrundsätze nicht unverhältnismäßig beschränkt werden. Ich möchte dies an zwei Beispielen darstellen: zunächst an den Straftatbeständen und dann an einzelnen Verfahrensregeln.

5.

Es besteht ein weitgehendes Einvernehmen darüber, daß nur schwere internationale Delikte unter die Gerichtsbarkeit des Internationalen Strafgerichtshofs fallen sollen. Der Entwurf der Völkerrechtskommission der Vereinten Nationen zählt dazu auf: Völkermord, Angriffskrieg, Kriegsverbrechen, Verbrechen gegen die Menschlichkeit. Vorgeschlagen wurde auch die Aufnahme weiterer Delikte, die bereits in internationalen Verträgen geregelt sind; etwa terroristische Akte nach dem Übereinkommen zur Bekämpfung der widerrechtlichen Inbetriebnahme von Luftfahrzeugen von 1970 oder Drogenhandel nach dem Übereinkommen gegen den unerlaubten Verkehr mit Suchtstoffen und psychotropen Stoffen von 1988. Inzwischen hat sich aber gezeigt, daß die internationale Bereitschaft für eine dergestalt erweiterte internationale Strafgerichtsbarkeit noch nicht gegeben ist. Es wird daher bei den aufgezählten vier Deliktsgruppen bleiben. Diese entsprechen auch - abgesehen vom Angriffskrieg - den Kompetenzen der Strafgerichtshöfe für das frühere Jugoslawien und für Ruanda.

Ich habe hier bewußt von einer Aufzählung der Deliktsgruppen gesprochen. Denn im Vergleich zu den ausformulierten Tatbeständen des deutschen Strafrechts bleiben die Definitionen der Delikte im Entwurf des Statuts recht unscharf. Gleichwohl erkennt der Entwurf den Grundsatz "nullum crimen sine lege" formal an. Die Verfasser des Entwurfs sind davon ausgegangen, daß einschlägige Übereinkommen und ergänzend dazu völkergewohnheitsrechtliche Regeln hinreichend aussagen, was beispielsweise unter Völkermord oder unter einem Angriffskrieg zu verstehen sei. Völkerrechtliche Verpflichtungen aus Übereinkommen oder aus Völkergewohnheitsrecht haben allerdings einen anderen Adressaten und sind viel weniger "dicht" als innerstaatliche Straftatbestände, jedenfalls im deutschen Recht. In unserem innerstaatlichen Recht könnten wir uns daher nicht etwa damit begnügen zu formulieren: "Wer gegen Artikel X des Übereinkommens über die Verhütung und Bestrafung des Völkermordes verstößt, wird mit einer bestimmten Freiheitsstrafe bestraft", sondern wir müßten - und das haben wir in § 220 a StGB auch getan - die einzelnen Kriterien benennen, die für die strafrechtliche Bewertung des Handelns einzelner maßgeblich sein sollen. An die Verhandlungen über das Statut eines Internationalen Strafgerichtshofs sollten wir nicht mit einem geringeren Anspruch herangehen.

6.

Dieses Ziel sollten wir uns auch bei den Verfahrensregeln setzen. Der Entwurf der Völkerrechtskommission sieht - in guter Tradition zwischenstaatlicher Schiedsgerichtsbarkeit - vor, daß die Richter des Internationalen Strafgerichtshofs die Verfahrensordnung selbst festlegen. In diesen Verfahrensregeln sollen so grundsätzliche Dinge festgelegt werden wie die Zusammensetzung der Spruchkörper.

Der Statutenentwurf der Völkerrechtskommission geht davon aus, daß das Präsidium vor jedem einzelnen Verfahren über die Zusammensetzung der Richterbank entscheiden soll. Damit soll erreicht werden, daß eine neutrale Instanz - nämlich der Präsident - dafür sorgen kann, daß der Angeklagte nicht vor einen Richter treten muß, dem er von vornherein wegen seiner Staatsangehörigkeit oder früherer Tätigkeiten mißtraut. Dennoch entspricht eine solche Lösung nicht dem Gebot des gesetzlichen Richters im Grundgesetz. Wir werden daher auch in diesem Punkt auf eine Regelung dringen, nach der die Geschäftsverteilung vor Einleitung des einzelnen Verfahrens nach objektiven Kriterien festgelegt ist.

7.

Solche im innerstaatlichen Recht entwickelten Grundsätze müssen in die neuen internationalen Institutionen mit aufgenommen werden. Der Internationale Strafgerichtshof bietet sich daher geradezu als Pilotprojekt an, Verfahrensrechte und Verfahrenssicherheit für den einzelnen in der internationalen Ordnung zu verankern.

V.

Zweck meines Vortrages war es, Ihnen zum einen skizzenhaft nahezubringen, in welch vielgestaltiger Art und Weise die Staatengemeinschaft sich bereits heute den rechtlichen Herausforderungen stellt, die aus dem Spannungsfeld zwischen nationalen Grundrechten und internationalen Bedrohungen entstehen. Zum anderen hoffe ich, anhand einiger praktischer Beispiele deutlich gemacht zu haben, wo unsere nationalen Grundrechte unser internationales, außenpolitisches Handeln beeinflussen.

Ich möchte noch einmal auf den Einwand zurückkommen, daß Juristen dazu neigen, ihre Rechtsordnung zum Maß aller Dinge zu machen. Ein schönes Beispiel dafür war in jüngster Zeit der Versuch der bayerischen

Justiz, die Verbreitung bestimmter pornographischer Inhalte im Internet zu unterbinden. Ich will dieses Vorgehen jetzt gar nicht als richtig oder falsch bewerten. Es geht mir um etwas anderes: Die zum Teil stürmischen Proteste auch im Ausland - die Medien berichteten ausführlich, bis hin zu Boykott-Aktionen in den USA gegen deutsches Bier - haben auf einen Schlag deutlich gemacht, daß zwar das Internet weltweit ist, die Vorstellungen von dem, was darin verbreitet werden darf, aber durchaus nicht.

Ein ähnliches Problem stellt sich bei der Bekämpfung rechtsextremistischen Gedankenguts mit neonazistischen Inhalten: Denken Sie an das Auslieferungsverfahren Gary Lauck, in dem lange nicht klar war, ob Dänemark diesen Verbreiter übelster Nazipropaganda und rassistischer Pamphlete an Deutschland ausliefern würde.

In dem Maße aber, in dem sich für unsere Gesellschaft Aufgaben stellen, die sich nur durch globales Handeln erfüllen lassen, wird sich auch unser Denken und unser Rechtsverständnis globalisieren. Das meine ich damit, wenn ich sage, unser Denken in nationalen Ordnungen ist nicht mehr zeitgemäß. Aber eines muß ich ebenso deutlich anfügen: Unser System der Grundrechte und unsere darauf aufbauende Rechtsordnung sind Ausdruck fundamentaler Werte, die in Deutschland nicht immer selbstverständlich waren. Bei der künftigen Bewältigung globaler Probleme dürfen wir sie auch in Zukunft nicht leichtfertig auf Spiel setzen.

Polizeiliche Zusammenarbeit und informationelle Selbstbestimmung - Aspekte zur Entwicklung eines EU-Datenschutzrechts

Helmut Bäumler

1. Vorüberlegungen

Als im Sommer 1989 der ungarisch-österreichische Grenzzaun einen Spalt breit geöffnet wurde, ahnten wohl viele von uns, daß dies ein Vorgang von großer Tragweite sein würde. Vermutlich hat dann aber doch die reale Entwicklung unsere Vorstellungskraft beträchtlich überstiegen. Daß die *Mauern* quer durch Europa und das dahinter etablierte System derart morsch waren, konnte man nicht ohne weiteres wissen. Der Fall der Mauer hat Europa und die Welt verändert. Die Karten sind neu gemischt, ein neues Spiel beginnt. Für unser Thema ist dabei vor allem interessant, daß die Anziehungskraft unseres Wohlstandes im Westen Europas ungebrochen ist. Viele kommen hierher, um auf legale Weise an unserem Reichtum teilzuhaben, einige wollen sich nehmen, was ihnen nicht gehört.

Anstelle der Mauern sind wir inzwischen dabei, andere Wege zu finden, um unsere Grenzen abzuschotten. Wer einmal im Westen Europas ist, kann sich ziemlich frei bewegen. Wir haben die *Grenzkontrollen* weitgehend *aufgehoben* und den Bürgerinnen und Bürgern das Recht gegeben, in Europa frei zu reisen. Nicht jeder tut es mit lauteren Absichten. Im Gegenteil: Die europäische Mixtur von verbliebenen nationalen Rechtsvorschriften und andererseits gesamteuropäischen Perspektiven scheint geradezu ein ideales Operationsgebiet für solche Formen des Verbrechens zu sein, die es gewohnt sind, in großen, internationalen Maßstäben zu operieren. Organisiert kriminell eben.

Ein drittes Element gehört zu dem Kompositum, aus dem mein Thema zusammengesetzt ist. Außer steinernen Mauern, die mit lautem Getöse eingerissen werden, haben sich *Grenzüberschreitungen der lautlosen Art* etabliert: Die elektronische Datenverarbeitung kennt keine Grenzen. Ihre Netze sind wahrlich weltumspannend konzipiert. In Sekundenschnelle präsentieren sie uns Informationen aus den USA auf dem Bildschirm, laden uns ein, diese in Japan, sagen wir wegen der günstigeren Rechnergebühren, zu verarbeiten und lassen es ratsam erscheinen, diese im XY-Land zu speichern, wo die gesetzlichen Restriktionen am erträglichsten zu sein scheinen. Die Anwendung der Informationstechnologie, die Bestimmung der Richtung, in die sie sich bewegen soll, sind zu Schlüsselelementen einer zukunftsorientierten Politik geworden. Wer die virtuelle Welt beherrscht, hat gute Chancen auch in der realen Welt bestimmenden Einfluß zu haben.

Wo aber bleibt in diesem Szenario der *einzelne Mensch*, dem das Bundesverfassungsgericht ein Recht auf informationelle Selbstbestimmung zuerkannt hat? Welche Chancen auf Realisierung dieses Rechts bestehen unter den genannten Bedingungen? Kann man vom Staat den Schutz anderer, nicht minder wichtiger Grundrechte, nehmen wir als Beispiel die Gesundheit, das Leben gar oder das Eigentum, verlangen und dabei zugleich darauf bestehen, er möge das Recht auf informationelle Selbstbestimmung wahren? Mehr noch: Da ein Großteil der schönen neuen Errungenschaften der Informationstechnologie im Bereich der privaten Wirtschaft zum Einsatz kommt - nehmen wir etwa die unbaren Zahlungssysteme oder alles, was unter dem Stichwort *Multimedia* auf uns zukommt - können wir nicht mit Fug und Recht vom Staat verlangen, er möge als Wahrer unserer Grundrechte auch insoweit in Erscheinung treten? Garantie von Freiheitsrechten durch staatliche Regulierung also. Der Staat möge uns, so wie er den Verbraucher im AGB-Gesetz vor unfairen, kleingedruckten Vertragsklauseln schützt, durch geeignete Vorschriften vor der Ausforschung unserer Privatsphäre mit Hilfe der multimedialen Verlockungen schützen. Wir wollen uns, so hat es den Anschein, in diesem Bereich nicht mehr allein auf Selbstbestimmung und individuelle Einwilligung verlassen, sondern brauchen den Schutz verbindlicher staatlicher Rahmenbedingungen. Wie weit weg vom Überwachungsstaat

Orwellscher Prägung ist doch ein Staat, von dem die Bürger Schutz gegen die privat organisierte Ausspähung erwarten.

Wir sind also mittendrin in tiefgreifenden Umwälzungen, nicht nur des Grenzregimes in Europa, nicht nur der Erscheinungsformen der Kriminalität, nicht nur der weltumspannenden elektronischen Datenverarbeitung, sondern des Datenschutzes selbst. Organisiertes Verbrechen, Abbau der Grenzkontrollen und Aufbau neuer, Eintritt in das Informationszeitalter auf breiter Front sind ganz unterschiedliche Aspekte unserer gegenwärtigen Entwicklung. Und doch gibt es auch Zusammenhänge. Diesen will ich versuchen nachzugehen.

2. Bestehende Formen der Zusammenarbeit der europäischen Sicherheitsbehörden

Wer kennt sie nicht, die Schlagzeilen: *"Polnische Autoschieberbanden immer erfolgreicher"*, *"rumänische Tresorknacker mit professioneller Securitate-Ausbildung am Werk"*, oder *"Einbruchsserie der Kosovo-Albaner hält an"*, aber auch: *"Wo sind die Schneider-Millionen?"*, oder: *"Kundenlisten der XY-Bank in Luxemburg beschlagnahmt"*, schließlich: *"Milliardenschäden durch Subventionsbetrug in Brüssel"*. Immer, so scheint es, nutzen die Täter die Freizügigkeit in Europa aus, um sich auf Kosten anderer zu bereichern. Europa, so scheint es, begünstigt vor allem diejenigen, die die Freiheit mißbrauchen. Die Polizei hingegen, so wird uns vermittelt, hat dem nicht allzuviel entgegenzusetzen. Sie muß am Schlagbaum halt machen und die Täter ungestraft davonziehen lassen. Entspricht dieses Bild, das in den Medien häufig verbreitet, ja gelegentlich liebevoll gepflegt wird, aber tatsächlich der Wirklichkeit? Müssen wir bei Null anfangen, oder genügt es, Bestehendes fortzuentwickeln?

2.1 Interpol

Wer von internationaler polizeilicher Zusammenarbeit spricht, denkt sicher zunächst einmal an Interpol. Über Jahrzehnte war Interpol, 1923 in Wien gegründet, mit seinen heute 150 Mitgliedsstaaten die wichtigste Form der internationalen Zusammenarbeit. Auch heute noch wird ein großer Teil des internationalen Datenaustauschs der Polizei über Interpol abgewickelt. Von besonderer Bedeutung ist gerade im Hinblick auf die schon angesprochene Grenzöffnung im Osten, daß auch die ehemaligen Ostblockstaaten bei Interpol mitarbeiten.

Das deutsche nationale Zentralbüro ist das Bundeskriminalamt in Wiesbaden. Von dort wurden 1972 116 000 "Interpol-Vorgänge" bearbeitet, 1982 waren es bereits 190 000 und derzeit bewegt sich die Zahl bei über 200 000. Über 200 000 mal pro Jahr gehen also beim Bundeskriminalamt ausländische Übermittlungsersuche ein oder werden von dort an ausländische Polizeien gestellt. Damit gehört das BKA zu den mit Abstand aktivsten nationalen Verbindungsbüros, was angesichts der geographischen Lage Deutschlands nicht sonderlich überrascht. Das Schwergewicht bei Interpol liegt übrigens eindeutig in Europa, wo etwa 900 000 Vorgänge von weltweit ca. 1 Million pro Jahr anfallen.

Über Interpol können Personen zur internationalen Fahndung ausgeschrieben, sachdienliche Hinweise ausgetauscht, Personen zur Aufenthaltsermittlung gesucht, Warnungen vor international agierenden Verdächtigen herausgegeben und nach Vermißten gefahndet werden. Daneben gibt es auch die internationale Sachfahndung, etwa nach gestohlenen Kunstgegenständen.

Die datenschutzrechtlichen Regelungen für Interpol fallen angesichts des jährlich ausgetauschten Datenvolumens eher bescheiden aus. Insbesondere die Kontrolle der beträchtlichen Datensammlungen in der Interpol-Zentrale durch eine Datenschutzkommission, deren Zusammensetzung letztlich Frankreich und Interpol bestimmen, erscheint durchaus verbesserungswürdig.

2.2 TREVI

Im Jahre 1975 vereinbarten die EG-Mitgliedsstaaten unter der Bezeichnung TREVI (Terrorisme, Radicalisme, Extremisme, Violence, international) eine enge Kooperation bei der Bekämpfung von Terrorismus, Radikalismus, Extremismus und Gewalt, also bei den Kriminalitätsbereichen, die aus dem Anwendungsbereich von Interpol weitgehend ausgeklammert sind. Im Jahre 1985 kam noch der Bereich des Drogenhandels und allgemein der organisierten Kriminalität hinzu. Im Rahmen von TREVI wird auf Minister- und Beamtenebene ein intensiver Informationsaustausch auf den genannten Kriminalitätsfeldern betrieben. Unter deutscher TREVI-Präsidentschaft wurde 1988 ein Sofortinformationsaustausch zu bedeutenden terroristischen Ereignissen vereinbart. TREVI hat sich auch zum Ziel gesetzt, Kontakt- und Bewegungsbilder von grenzüberschreitend agierenden Personen der terroristischen Szene zu erarbeiten und auszutauschen. Die Informationsstrukturen bei TREVI funktionieren so gut, daß man sie auch nutzt, um sich beispielsweise auf erwartete Ausschreitungen bei internationalen Fußballspielen vorzubereiten. Der Informationstaustausch läuft, ähnlich wie bei Interpol, über nationale Verbindungsbüros, in Deutschland also über das BKA. Formelle Rechtsgrundlagen für die TREVI-Kooperation bestehen kaum, zumal der Bereich Innen und Justiz nicht Gegenstand des EG-Vertrages ist.

2.3 Weitere Formen des europäischen Datenaustausches

Europol, von dem gleich noch die Rede sein wird, basiert auf der European Drug Unit (EDU), die im wesentlichen einen Rahmen für den Datenaustausch zur Verfolgung der Rauschgiftkriminalität bietet. Schon 1994 wurde auf dem EU-Gipfel in Essen eine Ausweitung der Zuständigkeit auf die Bereiche Nuklearkriminalität, Schleuserkriminalität, Autoschiebereien und damit zusammenhängende Geldwäsche beschlossen. Der Datentransfer wird von Verbindungsbeamten vorgenommen. Speziell zur Bekämpfung des EU-spezifischen Subventionsbetruges gibt es in Brüssel die sog. UCLAF (Unité de Coordination de la Lutte anti-fraude). Ein europäisches Zollinformationssystem namens CIS (Customs Informations-System) dient dem automatisierten Austausch von Zollinformationen.

Artikel K 3 des Maastricht-Vertrages sieht die Förderung *"jeder Art"* der Zusammenarbeit der Mitgliedsstaaten, insbesondere zur *"Bekämpfung der Drogenkriminalität"* und von *"Betrügereien im internationalen Maßstab"*, vor.

Schließlich sei auf den - in der Praxis offenbar recht schwerfälligen - internationalen Rechtshilfeverkehr verwiesen, der zu einem nicht geringen Teil als sog. *"polizeilicher Rechtshilfeverkehr"* von der Polizei unmittelbar erledigt wird. Immerhin besteht, wenn der andere Staat zugestimmt hat, sogar die Möglichkeit, Ermittlungshandlungen auf fremdem Staatsgebiet vorzunehmen.

In der Praxis spielt der *"kleine polizeiliche Grenzverkehr"* eine bedeutsame Rolle, der nach Berichten aus der Polizei hervorragend funktionieren soll. Ich nenne etwa als Beispiele die Zusammenarbeit der nordrhein-westfälischen Polizei mit den Niederlanden, der deutschen Polizei mit der französischen und der belgischen Polizei, die Regierungsabkommen mit Polen und Ungarn. Daneben bestehen natürlich vielfältige langjährige gute Beziehungen des Bundeskriminalamtes mit einzelnen Ländern, etwa den Informationsaustausch mit Italien über die Mafia. Die Rauschgiftverbindungsbeamten des BKA, die inzwischen in ca. 50 Ländern vor Ort arbeiten, bieten die Möglichkeit auf direktem Draht mit den Gastländern zusammenzuarbeiten.

3. Das Schengener Durchführungsübereinkommen

Im Jahre 1985 beschlossen Frankreich, Deutschland und die Benelux-Staaten im sog. Schengener Übereinkommen den Wegfall der Grenzkontrollen an den gemeinsamen Grenzen. Zum Ausgleich dafür wurde im Durchführungsübereinkommen eine Intensivierung der polizeilichen Zusammenarbeit vereinbart. Ich möchte auf drei Gesichtspunkte eingehen:

- konventioneller Datenaustausch
- Schengener Informationssystem
- datenschutzrechtliche Vorschriften

3.1 Konventioneller Datenaustausch

Art. 39 des Abkommens verpflichtet die Vertragsparteien zur Zusammenarbeit bei der vorbeugenden Bekämpfung und bei der Aufklärung von strafbaren Handlungen. Dabei geht es in erster Linie um den Austausch von Informationen. Artikel 40 ermöglicht, wenngleich nicht ohne gewisse Verfahrenshindernisse, die grenzüberschreitende Observation, nach Art. 41 darf flüchtigen Tätern auch über die Grenze hinweg nachgesetzt werden. Erste Auswertungen der im Jahre 1995 gemachten Erfahrungen zeigen aber, daß diese Instrumente in der Praxis offenbar eine geringere Rolle spielen, als insbesondere von der Polizei zunächst angenommen.

Von besonderer Bedeutung ist Art. 46, der die gegenseitige Unterrichtung der Vertragsparteien ohne Ersuchen, also auf eigene Initiative, regelt, wenn dies zur Unterstützung bei der Bekämpfung künftiger Straftaten, zur Straftatenverhütung oder zur Gefahrenabwehr von Bedeutung sein kann. Auch das Zusatzabkommen sieht den Austausch von Verbindungsbeamten vor (Art. 47 u. 125), deren Tätigkeit vor allem im Informationsaustausch bestehen dürfte. Eine Reihe weiterer Bestimmungen des Vertrages läuft zwar nicht explizit, wohl aber der Sache nach auf den Austausch von Informationen hinaus.

3.2 Das Schengener Informationssystem (SIS)

Das Herzstück des Schengener Vertrages ist die Vereinbarung einer europaweiten Fahndungsdatei, nämlich des Schengener Informationssystems. Es besteht aus nationalen Teilen, die mit Hilfe der *"technischen Unterstützungseinheit"* in Straßburg untereinander deckungsgleich gehalten werden. Mit Hilfe des SIS wird es möglich, Verdächtige in Sekundenschnelle europaweit zur Fahndung auszuschreiben. Auch Sachen, etwa gestohlene Pässe, können zur Fahndung gespeichert werden.

Wichtigster Ausschreibungsgrund dürfte die Festnahme mit dem Ziel der Auslieferung sein. Aber auch Ausschreibungen zur Einreiseverweigerung sind nach Art. 96 des Vertrages möglich. Nach Art. 97 und 98 kann auch nach vermißten Personen und Zeugen gesucht werden.

Aus datenschutzrechtlicher Sicht problematisch ist die in Art. 99 vorgesehene Ausschreibung von Personen und Fahrzeugen zur *"verdeckten Registrierung"*. Dabei geht es also nicht um die Festnahme oder eine andere offene Aktion, sondern um die unauffällige Notierung des Reiseziels, des Reisewegs, der Begleitpersonen und der Umstände des Antreffens. Nach Art. 99 Abs. 3 kommt sogar eine Ausschreibung auf Veranlassung der Geheimdienste in Betracht. Ich habe aber Zweifel, ob dies nach deutschem Recht zulässig wäre, da auf diesem Wege den Geheimdiensten ein typisches polizeiliches Fahndungsmittel zur Verfügung gestellt würde, das ihnen nach dem verfassungskräftigen Trennungsgebot gerade nicht zustehen soll. Möglich ist auch eine Ausschreibung *zur "gezielten Kontrolle"*, d. h. zur offenen, für den Betroffenen erkennbaren Durchsuchung der Person, des Fahrzeuges und der mitgeführten Gegenstände, sofern dies nach dem jeweiligen nationalen Recht zulässig ist.

Generell kann aber gesagt werden, daß das Schengener Informationssystem ein modernes Fahndungsmittel der Polizei ist, das auf die Öffnung der Grenzen adäquat reagiert. Welch enorme Bedeutung das System für die polizeiliche Praxis der kommenden Jahre haben wird, wird deutlich, wenn man hört, daß allein die deutsche Seite bislang ca. 700 000 Personen - davon der überwältigende Anteil von 600 000 Ausschreibungen von Ausländern zur Einreiseverweigerung - und ca. 1,6 Millionen Sachen im SIS gespeichert hat. Auch im Zusammenhang mit der Sachfahndung können im übrigen personenbezogene Daten gespeichert werden, sofern dies für die Zuordnung der Sache zum rechtmäßigen Eigentümer oder zu einer bestimmten Straftat notwendig ist.

3.3 Datenschutzrechtliche Vorschriften

Das Abkommen enthält umfangreiche datenschutzrechtliche Vorkehrungen für das SIS (Art. 102 - 118) sowie für den konventionellen Datenaustausch (Art. 126 - 130). Für das SIS gilt:

- Art. 102 schreibt vor, daß die im SIS gespeicherten Daten grundsätzlich nur für den Zweck der Speicherung verwendet werden dürfen.
- Nach Art. 103 wird durchschnittlich jede zehnte Datenübermittlung zum Zwecke der Kontrolle der Rechtmäßigkeit protokolliert.
- Die Verantwortung für die Richtigkeit und Aktualität der Daten trägt die ausschreibende Stelle, Art. 105.
- Nur die ausschreibende Stelle darf Daten verändern, Art. 106.
- Prinzipiell kann jeder Bürger Auskunft über die im SIS gespeicherten Daten erhalten, sofern nicht dadurch die Aufgabenerfüllung gefährdet ist.
- Aus Art. 110 ergibt sich der Anspruch auf Berichtigung oder Löschung unrichtiger oder unrechtmäßig gespeicherter Daten.
- Der Rechtsweg gegen Ausschreibungen im SIS steht dem Betroffenen in jedem Mitgliedsstaat zu, Art. 111.
- Im Grundsatz bleiben nach Art. 112 Ausschreibungen drei Jahre lang gespeichert.
- Die Einhaltung der Vorschriften wird durch eine Kontrollinstanz auf nationaler Ebene sowie durch eine gemeinsame Kontrollinstanz überwacht, Art. 114, 115.

- Jede Vertragspartei muß nach Art. 117 bei Inkrafttreten des Vertrages ausreichende nationale Datenschutzvorschriften besitzen.
- In Art. 118 sind die Maßnahmen der Datensicherheit aufgeführt, die im wesentlichen dem Standard des deutschen Datenschutzrechts entsprechen.

Für den über das SIS hinausgehenden konventionellen Datenaustausch sind vor allem *folgende Bestimmungen* von Bedeutung:

- Die Datenübermittlung nach dem Schengener Zusatzabkommen darf erst beginnen, wenn in dem Empfängerland ausreichende Datenschutzbestimmungen in Kraft getreten sind, Art. 126.
- Unrichtige oder unrechtmäßig übermittelte Daten sind zu korrigieren bzw. zu löschen, Art. 126 Abs. 3c.
- Die Datenübermittlung darf erst beginnen, wenn im Empfangsstaat eine unabhängige nationale Kontrollinstanz eingerichtet ist, Art. 128.
- Auch die auf konventionellem Wege übermittelten Daten dürfen nur zweckgebunden verwendet werden, Art. 129.

Zieht man Bilanz, so erscheint das Schengener Vertragswerk alles in allem als vernünftiger Kompromiß zwischen polizeilichen und datenschutzrechtlichen Belangen. Das Abkommen geht weit über eine bloße Kompensation des Wegfalls der Grenzkontrollen hinaus und kann, wenn es konsequent angewandt wird, eine neue Ära der polizeilichen Zusammenarbeit in Europa einläuten. Dafür sprechen allein schon die mit einer Reihe von Nachbarländern derzeit geführten Verhandlungen über ergänzende bilaterale Vereinbarungen zur besseren polizeilichen Zusammenarbeit. Allerdings scheint die Begeisterung für die polizeiliche Zusammenarbeit in Europa durchaus unterschiedlich ausgeprägt zu sein. So ist zu lesen, daß in Frankreich noch immer gewisse Vorbehalte bestehen und dort in Grenznähe in erheblichem Umfang anlaßunabhängige Kontrollen durchgeführt werden. Zwar sind dem Abkommen inzwischen auch Italien, Portugal, Spanien und Griechenland beigetreten. Allerdings gehen Schätzungen davon aus, daß etwa 5/6 der Speicherungen im SIS aus Deutschland kommen werden.

Noch bevor das SIS Wirkung entfalten konnte, gibt es Pläne für seine Erweiterung. Unter der Bezeichnung EIS soll ein neues Informationssystem entstehen, dem außer den "Schengen-Staaten" auch Dänemark, Irland und das Vereinigte Königreich angehören sollen.

4. Europol

Ein weiteres neues Kapitel der europäischen "Sicherheitsarchitektur" wird mit Europol aufgeschlagen. Während es bislang stets um verbesserte Zusammenarbeit der nationalen Sicherheitsbehörden ging, soll in Gestalt von Europol eine eigenständige supranationale Einrichtung entstehen.

Die Datenverarbeitung im Rahmen von Europol wird im wesentlichen aus *drei Elementen* bestehen:

Das automatisierte Indexsystem

Das automatisierte Indexsystem enthält Daten über Personen, die einer Straftat verdächtig sind, für die Europol zuständig ist oder bei denen bestimmte Tatsachen die Annahme rechtfertigen, daß sie entsprechende Straftaten begehen werden (Art. 8). Die nationalen Stellen, die Verbindungsbeamten und Europol selbst haben unmittelbaren Zugriff auf das Indexsystem. Man geht davon aus, daß das Indexsystem ca. 1 Million Datensätze enthalten wird.

Arbeitsdateien zu Analysezwecken

Die sog. Analysedateien befassen sich mit dem Vorfeld von Straftaten, für deren Bekämpfung Europol zuständig ist. Von besonderer Bedeutung aus datenschutzrechtlicher Sicht ist der Personenkreis, der in diesen Dateien erfaßt werden darf. Es handelt sich nämlich um:

- Straftatverdächtige bzw. Personen, die verdächtigt werden, künftig Straftaten begehen zu wollen.
- Personen, die bei einer künftigen Strafverfolgung als Zeugen in Betracht kommen.
- Opfer von Straftaten bzw. Personen, bei denen bestimmte Tatsachen die Annahme rechtfertigen, daß sie künftig Opfer einer Straftat werden können.
- Kontakt- und Begleitpersonen

- Personen, die Informationen über die betreffenden Straftaten liefern können.

Indexsystem

Zu den Arbeitsdateien wird ein Indexsystem eingerichtet, auf das Europol und die Verbindungsbeamten direkten Zugriff haben. Aus dem Indexsystem soll sich nur ergeben, ob eine Person in den Arbeitsdateien erfaßt ist, nicht aber mit welchem Inhalt.

Die datenschutzrechtlichen Bedenken konzentrierten sich aus meiner Sicht vor allem auf den Inhalt der Arbeitsdateien und das dazugehörige Indexsystem. Denn die Voraussetzungen für die Datenerfassung sind derart vage und weit formuliert, daß kaum vorhergesagt werden kann, wer dort gespeichert werden darf und wer nicht. Wer kann schon die Frage einigermaßen sicher beantworten, ob er eines Tages

- Opfer einer Straftat,
- Zeuge einer Straftat,
- Kontakt- und Begleitperson (wessen, steht im Vertrag nicht), oder
- Informationslieferant einer künftigen Straftat

werden wird. Hier ist ein Personenkreis umfaßt, der praktisch keine wirksame Begrenzung hat. Man kann nur hoffen, daß Europol mit diesem Instrument verantwortungsbewußt und zurückhaltend umgeht. Es kann weder im Interesse der Polizei noch der Bürger Europas liegen, wenn in den Arbeitsdateien von Europol massenhaft Bürger gespeichert wären, die sich nichts haben zuschulden kommen lassen. Denn das Abkommen sieht auch vor, daß Europol Daten an Drittstaaten übermitteln darf, wenn dort ein "angemessenes Datenschutzniveau" gewährleistet ist.

Die *datenschutzrechtlichen Elemente* in der Europol-Konvention sind vor allem:

- Die Bürger haben prinzipiell einen Anspruch auf Auskunft über gespeicherte Daten, Art. 19.
- Die Datenschutzkontrolle wird sowohl durch nationale Kontrollinstanzen als auch durch eine gemeinsame Kontrollinstanz ausgeübt, Art. 24.

- Erleidet ein Bürger durch unrichtige oder unzulässige automatische Verabeitung seiner Daten Schaden, so haftet Europa unabhängig vom Verschulden, Art. 38.
- Jeder Mitgliedsstaat muß spätestens bis zum Inkrafttreten der Konvention nationale Datenschutzbestimmungen erlassen haben, Art. 14.
- Die bei Europol gespeicherten Daten dürfen grundsätzlich nur für den Zweck verwendet werden, zu dem sie erhoben worden sind, Art. 17.
- Die Vorschriften über die Berichtigung und Löschung von Daten, Art. 20, 21, 22 entsprechen im wesentlichen dem deutschen Datenschutzstandard.
- Auch die Bestimmungen zur Datensicherheit orientieren sich am deutschen Recht, Art. 25.

Problematisch erscheint an der Europol-Konvention neben der Ausdehnung der Zuständigkeit das Vor- und Umfeld von Straftaten:

- Europol stärkt mittelbar auch in Deutschland zentralistische Tendenzen im Polizeiwesen und steht damit in einem Spannungsverhältnis zu unserem föderativen Polizeisystem.

- Es ist noch nicht abschließend geklärt, wie der Rechtsweg gegen Rechtsverletzungen durch Europol ausgestaltet sein wird. Hier ist zu hoffen, daß ein effektives und wirksames Rechtsschutzsystem etabliert wird.

Generell läßt sich sagen, daß ein Inkrafttreten der Europol-Konvention noch keineswegs sichergestellt erscheint. Dem Vernehmen nach sollen die Niederlande noch durchgreifende Bedenken haben. Vielleicht hätte man dies vermeiden können, wenn man Europol nicht von Anfang an mit unpräzisen Vorfeldbefugnissen überfrachtet hätte, die nicht nur bei den professionellen Datenschützern zu einem gewissen Unbehagen geführt haben.

5. Datenschutz auf europäischer Ebene

5.1 Die Europäische Datenschutzrichtlinie

Grundsätze

Am 24.07.1995 wurde in Brüssel die Europäische Datenschutzrichtlinie verabschiedet. Ziel der Richtlinie ist die Gewährleistung des Datenschutzes in allen Mitgliedsstaaten der EU auf möglichst hohem Niveau. Trotz aller Kompromisse, die unverkennbar im verabschiedeten Text stecken, kann man davon ausgehen, daß das Regelungsziel im großen und ganzen erreicht wurde. Die Richtlinie basiert in erster Linie auf Art. 100a des EWG-Vertrages, hat also die Herstellung gleicher Wettbewerbsbedingungen in Europa zum Ziel. Vereinfacht gesagt soll niemand den Datenaustausch und damit letztlich den Wirtschaftsverkehr mit der Begründung verhindern können, in einem anderen Land existierten keine hinreichenden Datenschutzbestimmungen. Nach wie vor besitzen im übrigen Italien und Griechenland als einzige EU-Länder noch kein Datenschutzgesetz.

Obwohl die Richtlinie ein Kompromiß zwischen unterschiedlichen Traditionen und Rechtskreisen ist, ist keinesweg der kleinste gemeinsame Nenner der Maßstab gewesen. Der "Kunstgriff" zur Erreichung der Konsensfähigkeit besteht über weite Strecken darin, daß, wie bei EU-Richtlinien üblich, die Datenschutzrichtlinie hinsichtlich des jeweiligen Regelungsziels verbindlich ist, den Staaten aber die Wahl der Form und der Mittel überläßt. Dies kommt in den Erwägungsgründen Nrn. 8 und 9 der Richtlinie deutlich zum Ausdruck. Dadurch erhält übrigens die innerstaatliche Diskussion über die Umsetzung der Richtlinie eine spezifische Zielrichtung: Zu fragen ist nicht nur, was man am nationalen Recht unbedingt ändern muß, sondern zu fragen ist auch, was man ändern könnte, um die Regelungsziele der Richtlinie möglichst optimal zu erreichen. So gesehen ist die Richtlinie auch eine Ermunterung zur Fortentwicklung des Datenschutzrechts.

Geltungsbereich

Die Richtlinie gilt nicht für die in den Titeln V und VI des Vertrages über die Europäische Union genannten Tätigkeiten, nämlich für die öffentliche Sicherheit, die Landesverteidigung, die Strafverfolgung und die Staatssicherheit. Dies bedeutet, daß sie für die polizeiliche Zusammenarbeit unmittelbar keine Bedeutung hat.

Der Inhalt der Richtlinie

Aus den Erwägungsgründen scheinen mir aber folgende Gesichtspunkte der besonderen Erwähnung wert, weil sich aus ihnen allgemeine Prinzipien und Auslegungsgrundsätze ergeben, die hilfreich sein können, wenn das geschriebene Recht nicht ausreichend ist:

- Die Datenverarbeitungssysteme stehen im Dienste der Menschen und haben deren Grundrechte und -freiheiten, insbesondere deren Privatsphäre zu achten (Nr. 2).
- Die Richtlinie gilt für öffentliche und private Stellen gleichermaßen, lediglich die Datenverarbeitung in Ausübung ausschließlich persönlicher oder familiärer Tätigkeiten ist ausgenommen (Nr. 12).
- Die Richtlinie gilt auch für personenbezogene Ton- und Bilddaten, was angesichts der Entwicklung von Multimedia von besonderer Bedeutung ist (Nr. 14).
- Die Richtlinie gilt für die automatisierte Verarbeitung in Dateien ebenso wie für die konventionelle (Nr. 27).
- Die Verarbeitung personenbezogener Daten hat nach Treu und Glauben zu erfolgen und muß sich im Rahmen des Zweckes der Datenerhebung halten (Nr. 28).
- Daten aus der Privatsphäre oder Daten, die geeignet sind, die Grundfreiheiten zu beeinträchtigen, dürfen nur mit Einwilligung oder auf gesetzlicher Grundlage und nur für besondere Zwecke verarbeitet werden (Nr. 33).
- Die Betroffenen haben einen Anspruch auf Transparenz, insbesondere auf Auskunft über gespeicherte Daten (Nrn. 39, 40, 41).
- Gegen Datenverarbeitungsmaßnahmen muß der Betroffene Rechtsschutzmöglichkeiten haben sowie einen Schadensersatzanspruch, bei dem die Beweislast für fehlendes Verschulden beim Verursacher liegt (Nr. 55).
- In Drittstaaten dürfen Daten nur übermittelt werden, wenn sie ein ausreichendes Datenschutzniveau bieten (Nrn. 56, 57).

- Die Einrichtung unabhängiger Datenschutzkontrollstellen ist ein wesentliches Element des Schutzes personenbezogener Daten (Nr.62).
- Die Mitgliedsstaaten haben eine Frist von drei Jahren für die Umsetzung der Richtlinie in nationales Recht (Nr. 69).

Aus den einzelnen Artikeln der Richtlinie erscheinen folgende besonders erwähnenswert:

- Nach Artikel 8 ist die Verarbeitung von Daten, aus denen die rassische und ethnische Herkunft, politische Meinungen, religiöse und politische Überzeugungen oder die Gewerkschaftszugehörigkeit hervorgehen, sowie von Daten über Gesundheit oder Sexualleben grundsätzlich zu untersagen. Davon gibt es allerdings einige in Artikel 8 aufgeführte Ausnahmen.
- Nach Artikel 15 ist es im Grundsatz unzulässig, rechtlich relevante Entscheidungen ausschließlich auf der Grundlage automatisiert gespeicherter Daten zu treffen.
- Nach Artikel 28 müssen nationale öffentliche Kontrollstellen geschaffen werden, die die Umsetzung der Richtlinie "in völliger Unabhängigkeit" wahrnehmen.
- Bei der EU wird eine unabhängige Datenschutzgruppe eingerichtet, die beratende Funktion hat.

Insgesamt läßt sich zur Richtlinie sagen, daß sie eine gute Voraussetzung für die Gewährleistung eines angemessenen Datenschutzniveaus auf europäischer Ebene bietet. Auch der deutsche Gesetzgeber wird in einigen Punkten nicht umhin können, unser Gesetz nachzubessern.

5.2 Andere Bestrebungen auf europäischer Ebene

ISDN-Richtlinie

Seit 1990 wird auf EU-Ebene über eine sog. "ISDN-Richtlinie" verhandelt, die im Bereich der Telekommunikation, die in Zukunft mit den Möglichkeiten von Multimedia verbunden sein wird, das Datenschutzrecht garantieren soll. Diese Richtlinie hat besondere Bedeutung, weil bei einer Verarbeitung von Daten in europaweiten Netzen nationale Alleingänge keinen Sinn mehr machen. Inhaltlich geht es um Fragen wie:

- Dürfen die Teilnehmerdaten zu Persönlichkeitsprofilen verdichtet werden?
- Wie lange dürfen Teilnehmerdaten für welchen Zweck gespeichert werden?
- Können anonyme Abrechnungsverfahren vorgeschrieben werden?

Datenschutz bei den EU-Organen

Nicht nur in den Staaten der EU, sondern auch bei den Organen der EU werden personenbezogene Daten verarbeitet. Es ist leicht vorstellbar, welche Ausmaße dies bei der Brüsseler Bürokratie angenommen haben dürfte. Deshalb fordern die europäischen Datenschutzbeauftragten, daß sich auch die EU selbst an die Richtlinie hält und daß auch auf der Ebene der EU-Organe Kontrollmöglichkeiten geschaffen werden.

Abschluß

Alles in allem komme ich also gewissermaßen *zu "gemischten Resultaten"*:

- Die Polizei fängt in Fragen der internationalen, insbesondere der europäischen Zusammenarbeit nicht bei Null an, sondern sie verfügt bereits über ein beachtliches Instrumentarium.
- Auch noch so gute Verträge und Konventionen reichen alleine nicht aus, wenn sie nicht mit der Bildung eines "europäischen Bewußtseins" auch bei der Polizei einhergehen.
- Die datenschutzrechtlichen Regelungen im Schengener Zusatzabkommen sind alles in allem akzeptabel. Es bleibt abzuwarten, wie sich das SIS auf die Sicherheitslage auswirken wird.
- Die Konvention zu Europol enthält Befugnisse zur Verarbeitung von Daten Unverdächtiger, die zu weit geraten sind. Es liegt in der Verantwortung von Europol und der Datenschutzkontrollinstanzen, daß davon kein exzessiver Gebrauch gemacht wird.
- Die EU-Datenschutzrichtlinie ist ein guter Einstieg in ein europäisches Datenschutzrechtssystem. Es bleibt aber Sache der einzelnen Staaten, mit den Freiräumen und Gestaltungsmöglichkeiten der Richtlinie richtig umzugehen.

- Weitere Regelungen zum Datenschutz sind angesichts der Internationalisierung der Datenverarbeitung unverzichtbar. Beispielsweise ist die Verabschiedung der ISDN-Richtlinie mit substantiellen datenschutzrechtlichen Garantien unabdingbar an der Schwelle zum Multimedia-Zeitalter.
- Auch die EU-Organe selbst müssen sich an den Datenschutz halten, nicht nur die Mitgliedsstaaten. Sie müssen auch einer datenschutzrechtlichen Kontrolle unterworfen werden.

Generell wäre zu wünschen, daß sich Europa mehr zu einem Europa der Bürgerrechte entwickeln möge als bisher. Dazu zählt nicht nur die Freiheit der wirtschaftlichen Betätigung, sondern der Schutz des Eigentums und der körperlichen Unversehrtheit ebenso wie die Garantie des Rechts auf informationelle Selbstbestimmung.

V.

Internationale Kriminalitätsbekämpfung in den MOE-Staaten

Problems of International Crime: A Czech View

Jan Vaculik

The Czech Republic has been invaded by the same kind of crime as other democratic countries. From this point of view, Czech Republic has already become a part of Western Europe. Czech society is still in the stage of developing a democratic society, and learns democracy as such. Problems of crime and response to new forms of crime are closely connected with this process.

The following article gives a brief outline of problems and causes of the crime rise in Czech Republic as well as an overview of international aspects of crime and the organized crime in Czech Republic, as these follow from Czech criminal police analysis.

Criminal groups operating in the territory of the Czech Republic consist of foreign citizens or are controlled from abroad. Some of them partially use the help of Czech citizens. Domestic criminal groups develop slowly. They use international cooperation as well. Estimating share of domestic and international criminal groups, experts give different answers. The figures range about 53 % of international criminal groups and 47 % of domestic generated crime. Police report materials concerning three major nationalities: Italians, Chinese and Russians or other citizens of the former Soviet Union. The other nationalities have been reported sporadically.

We have to consider a strong development of foreign, let's say international crime in the Czech Republic as a fact. It looks like developed criminal groups use the territory of the Czech Republic as a transit space for their main and most lucrative activities, or as a reserve territory and relatively safe hiding place. At the same time criminals of all kind are trying to create new structures to extend their activities in the future.

Performing these activities, they don't bother about borders, with exception of such criminal activities based on the existence of the borderlines. With respect of developed migration, rising criminal activities have been reported on the field of drugs, illicit trade with people, car theft, counterfeit of money, travel documents and car documents, illegal trade with firearms, explosives and nuclear materials, smuggling of alcohol and tobacco, illicit works of art, trafficking, and illegal border crossing.

Every year, over 210 milion people cross the Czech borders, thanks to their relative frankness. In the year 1993, police of our neighbouring countries sent back to Czech Republic 19.873 persons for the reason of illegal border-crossing, mostly from Germany.

456 persons have been citizens of Czech Republic and 12.226 citizens of former Yugoslavia. Most of these persons stayed for a different period of time on the territory of Czech Republic without finance and with very limited possibilities to cover their life needs by legal methods.

They gathered especially near the frontiers, in Prague and in Pilsen. These persons are partially going back to countries of their origin, partially they've been sent back by the foreign police, the rest tried to cross the border illegally again.

In 1993, 2 366 citizens of foreign states commited various crimes in Czech Republic. The percentage was as follows: 20% citizens of Poland, 14% citizens of former Yugoslavia, 12,3% Germans (mostly traffic accidents), 9,7% Romanians, 8% Vietnamese, 8% citizens of Commonwealth of Independent States and 6,3% Bulgarians. Most of them commited violent crime and crime against property. Value of damages caused by such crime rise consistantly. Offenders are more and more qualified, they have knowledge about customs regulations and taxes of all kind as well as the use of technical facilities increases.

One of the basic items that develops international crime is illegal migration.

What can be done about this problem? Increasing illegal border-crossing and uncontrolled migration touch all European countries. Close international cooperation is a necessity for stable security structures.

Let me now describe the current situation of Czech Republic in reference of crime, especially the international one.

Speaking about border-crossing and international crime, I have to start with a very easy visible matter, the drug scene. The situation in Czech Republic is a little bit different from the Western European countries. Czech Republic still remains a transit country. The country is crossed by the northern line of Balkan heroin route, and also cocaine is transferred. Czechlands become, step by step, also a territory where drugs are used and abused. Synthetic, house-produced drugs as so called pervitin (on metamphetamin basis) dominate Czech drug scene. Now, these drugs are exported to some European countries (not to Germany). Heroin, cocaine and LSD are not so often reported, because potential consumers in Czech Republic are, regarding economic situation, not able to pay the real price until now.

Compared with the very near past, the number of consumers of hard drugs increased remarkably. It's necessary to mention LSD, which became quite popular in youth clubs in the form of "trip". Consum of LSD reaches almost similar level like metamphetamins. Cocaine is used mostly by the criminals and especially prostitute scene. Hash is imported from Arabian countries and Afghanistan. Organized groups of criminals based on ethnics of former Yugoslavia play a very important role in smuggling drugs through the Czechlands. They cooperate very often with Czech criminals working as couriers.

Russian speaking criminal groups smuggling drugs from Asia to Europe cooperating with Italian criminals are also reported. Three ways of smuggling cocaine through Czech territory are noticed.
For a relatively small amount of money - compared to the risk for health and the enourmous profit margins, citizens of South America states, especially from Peru and Columbia, swallow small plastic bags full of drugs. This practice is very dangerous. One of those people died last year on the main railway station in Prague because a swallowed bag cracked.

The cocaine route uses ships from South America to Polish harbours, then through Czechlands to Germany and Holland with the help of lorries. This transport is organized by Columbian cocaine mafia. The connection between quantity of cocaine on a the black market and new created companies of South America origin is remarkable in Czech Republic.

The third way of smuggling cocaine we know is air traffic from any Latin/American country, for instance Peru or Equador to Prague, then by car or lorries to Germany, Holland and Great Britain. This net is operative within Europe and maintained by groups of Czech emigrants living in Netherlands, Portugal and Germany. A dynamic development characterizes the Czech drug dealing scene.

The other basic area, which is necessary to mention speaking about international aspects of criminality, are international organized criminal groups involved into organized prostitution, money-laundering, racketeering and trade with firearms. First of all are Russian speaking organizations, based on the ethnic ground of Ucrainian,Belorussian, Russian and Caucasian nations.

Very important support for these groups are veterans of Afghanistan war, very aggressive and without moral inhibitions. It is very difficult to obtain any evidence material against their members due to a "law" similar to well-known "omerta" of Italian mafia. They operate well-armed and use violence as a matter of fact. For dirty work, except former soldiers, small, partially independent groups of former sportsmen (boxers or wrestlers) are used. Most violent are fights among these groups. As a new fact, Czech businessmen, especially owners of restaurants and shops, are forced by threat of violence to pay money for so called "protection".

Activities of Caucasian groups, especially Dagestanian, increase. Illegal migration from this part of Russia to Czech Republic is reported. These groups are involved in smuggling of different goods, drugs and organized prostitution.

In context with Czech Republic, Chechenian organized crime is very often mentioned. Chechenian organized groups have a strong position for instance in Moscow, activities in Czech Republic were not reported until now.

I would like to mention a wide spreaded information in media about common meeting of heads of Russian and Italian mafia, held allegedly in Prague. This information can not be confirmed. The source of this information is considered not to be very reliable. Nevertheless, some kind of cooperation between Russian-speaking and Italian organized crime on our territory exists. This is ratified by information on cooperation of Russian organized group of Moscow origin and Italian organized group of Naples origin by smuggling cocaine in Prague.

The strongest position among Italian organized groups of criminals in Czech Republic created "Camorra". Its members started to come to Czechlands 1990 from Germany and Austria. They created a network of "stores" over the whole territory for the sale of false leather and silver goods, which is typical activity of camorra. Hundreds of young people from Naples sell goods near the streets and highways. Members of camorra collaborate quite actively not only with domestic criminals, but also with Italians from other areas like Sicily or Milan, Arabs and Russians. Members of Camorra continue their penetration of other East-European countries, for example Poland and Russia.

Several visits of Sicilian mafia members to cooperating persons in Czech Republic were noticed. They are interested in possibilities of money-laundering, especially in casinos. Activities of other Italian criminal groups like Ndraghetta or Sacra Corona Unita are not reported.

Organized crime of Chinese origin also dynamically develops in Czech Republic. This situation is closely connected with increased flow of migration. A part of these migrants lives and works on the territory of Czech Republic legally, the much bigger part are illegal migrants from continental China and Hong Kong. International known Chinese gangs like "Flying Dragons" known from New York, "Ducklings" and "K 14". start to operate within Chinese community in Czech Republic, now involved in racketeering against China community members, especially owners of restaurants, shops and kiosks, and in illegal migration. Investigations of several cases of violent attacks with racketeering background against Chinese took place in Prague. Several cases of suspicious death among Chinese illegal migrants were also reported. These cases could be hidden murderers with organized crime background. Informations speak especially about "Flying Dragons" as possible drug smugglers.

Chinese gangs controlled also a part of criminal activities of Vietnamese, smuggling different kinds of consumer goods. Relatively few information concerning Chinese organized crime within the Czech Republic exists because of language barrier. The Chinese community is a closed group. It is very difficult to obtain any inside information.

Illegal transfer of people over the border is a specific issue on the field of organized crime. Transfer through Czech Republic to Germany has become a serious problem. Thousands of illegal migrants trying daily to cross the border to Germany, mainly citizens of former Yugoslavia, Romania, Bulgaria, Albania, China, Vietnam, India, Pakistan, Afghanistan, Sri Lanka, Lebanon and other countries. Chinese gangs use false Koreanian, Japanese and Malaysian passports, the transfer of people is organized regularly according requests of Chinese gangs in Western Europe for working force. Illegal migrants are - after that - used in Western Europe for jobs of slavish character, including distribution of drugs and rakketeering.

The debts for negotiating illegal migration make the illegal migrants dependant on Chinese gangs. Very well organized networks for this illicit trade with people also work from South Asia through the territory oft the former Soviet Union to Czechlands and further to the West.

Illegal transfer as a part of illicit trade with people is a very lucrative broadly expanded activity for organized criminal groups.

Illegal Asian migration centre is allegedly located in Bangkok, where other activities connected with organized crime are coordinated. There is evidence different kinds of Chinese criminal groups are attached, most of them avctive in United States and Western Europe.

Activities of the organized groups of Yugoslavian origin in Czech Republic. Criminal groups from former Yugoslavia are mainly active in smuggling of drugs through the Balkan route, and in trade with firearms to the places of conflict in former Yugoslavia.

Outstanding activity is performed by members of Albanian ethnic community from Kosovo. Groups of Yugoslavians cooperate closely not only with Czech criminals, but also with members of Italian organized crime.

Export of firearms from Czech Republic became also one of the great interests of organized crime. Criminals are interested particularly about the guns or submachine guns ("scorpions") of Czech provenance. There are two ways used by criminals to acquire the weapons. The first is to steal from the police or army stores, the second and more effective way is misusage of officially existing links from producers to users by the way of counterfeiting documents.

Besides the above mentioned nationalities, criminal groups of Arabian origin can be found in Czech Republic. Illegal transfer of persons across the borders to Germany, after a short stagnation in early summer of 1993, as a result of the impacts of the modified asylum law in Germany, has become attractive again, involving not only Czech offenders, but foreigners as well. Taking into account the difference in social conditions between East European and Asian countries and Western Europe, this trend is expected to continue.

In the field of money and documents counterfeit, the counterfeit department of the Criminal Police Headquarters worked on many cases of distribution of counterfeited banknotes, or manufacture of banknote stamps. With the introduction of the new Czech banknotes and coins, a drop of occurance of currency fakes has been observed. On the other hand, an increased number of foreign currency fakes was disclosed, particularly 100 DEM and 100 USD banknotes. A comparatively new phenomenon was the occurance of great quantities of counterfeited documents, particularly passports and car documents.

A deal of the international network of arms trafficking, involving Czech nationals, with the aim of delivery in Teheran and Bosnia was prevented, and the group has been dismantled on the territory of the Czech Republic. One unpleasent case must be mentioned: A group of Peruvian nationals, which committed various property crimes on the territory of Czech Republic, was captured. Allegedly, the group consisted of members of a terrorist organization. However, in spite of all urgent requests, the Peruvian side did not help in identifing those persons and their possible membership in terrorist organizations.

In the field of financial crime, the crimes of tax fraud, money laundering, and counterfeiting of expertise were disclosed. For example, many cases of money laundering were documented, as well as fraud on credit. As a result of one particular investigation, 735.000 USD were returned to a Czech company. Also international frauds committed by Nigerian nationals were reported, sales of smuggled cigarettes on the basis of false documents to various firms in the Slovak Republic, uncovered credits amounting to 700 mil. CZK etc. Among other crimes of this type, also precious stones were seized.

Crime is one of the factors making serious obstacle against efforts to arise common Europe, without inner borderlines. Borders and frontiers give,on the other hand, important assistance in the struggle against crime. Fighting against crime, we fight at the same time for common Europe.

VI.

Ausblick

Die Dritte Säule und Maastricht II - Perspektiven der Gemeinsamen Innen- und Rechtspolitik in der Regierungskonferenz 1996

Werner Meng

1. Umrisse der Regierungskonferenz

Nach Artikel N Abs. 2 EUV trat 1996 eine Konferenz der Vertreter der Regierungen der Mitgliedstaaten in Turin zusammen[1], um in Übereinstimmungen mit den Zielen der Artikel A und B dieses Vertrags dessen Bestimmungen überprüfen, für die eine Revision vorgesehen ist. Dazu gehört auch die Dritte Säule der Union, welche nach Titel VI des Maastrichter Vertrags unter dem wenig griffigen Namen "Zusammenarbeit in den Bereichen Justiz und Inneres" (ZBJI) errichtet wurde[2]; denn im fünften Spiegelstrich des Artikels B wird bestimmt, daß bei dieser Revisionskonferenz überprüft werden soll, inwieweit unter anderem die ZBJI mit dem Ziel zu revidieren sei, die Wirksamkeit der Mechanismen und Organe der Gemeinschaft sicherzustellen.

Längst hat diese Konferenz das Etikett "Maastricht II" erhalten, und das signalisiert mit vollem Recht einen Zusammenhang mit dem Vertrag von Maastricht, welcher vor einigen Jahren in einigen Mitgliedstaaten so viel

---

1 *Lipsius, J.*: La Conférence intergouvernementale de 1996, *Revue Trimestrielle de Droit Européen* 31 (1995), 175.

2 Vgl. hierzu etwa *Müller-Graff, P.-C.* (Hrsg.): Europäische Zusammenarbeit in den Bereichen Justiz und Inneres: der dritte Pfeiler der Europäischen Union (1996); *Fischer, G.*: Die Zusammenarbeit in den Bereichen Justiz und Inneres - die „dritte Säule" des Vertrages über die EU, *EuZW* 1994, 747 - 750.

Probleme bereitete. Denn einerseits handelt es sich um einen Auftrag, welcher in "Maastricht I" erteilt wurde, andererseits aber auch um ein Stück Fortsetzung jenes Unternehmens, welches damals begonnen, aber nicht beendet wurde. 1996 wird kein altes Haus renoviert, sondern ein unfertiges Haus weitergebaut.

Denn jenes Haus hat Teile, über deren Gestaltung man sich Anfang dieses Jahrzehnts noch nicht hatte einigen können. Hier stehen nur Provisorien, und dazu gehört insbesondere die Zusammenarbeit in den Bereichen Justiz und Inneres, bei der man sich seinerzeit nur zu Provisorien hat durchringen können. Zu Recht bemerkte deshalb das Europäische Parlament in einer Entschließung vom 7.4. 1992[3], Artikel B sei ein Ausdruck von Unfertigkeit, welchen die Mitgliedstaaten selbst eingestanden hätten. Allerdings hat diese Unfertigkeit zwei Gründe: man hat beim Vertrag von Maastricht einerseits nicht alles gründlich zu Ende gebaut und andererseits zeigt sich, daß das Haus für die Anforderungen der Zukunft bereits jetzt wieder zu klein ist: die mittel- und osteuropäischen Staaten stehen als eine Herausforderung eigener Dimension vor der Tür der Union und sind mit den Europaverträgen bereits auf die Schiene hin zu einer Mitgliedschaft nach einer zehnjährigen Übergangs- und Anpassungszeit gesetzt worden.

Also ist es auch kein hohles Pathos, wenn die Brüsseler Kommission ihren Bericht an die Reflexionsgruppe "Weichenstellungen für das 21. Jahrhundert"[4] nennt. Auch wenn der Revisionsbedarf teilweise durch selbstverschuldete Unfertigkeiten entsteht, so ist doch insgesamt eine Notwendigkeit spürbar, die Europäische Union den Herausforderungen anzupassen, welche sich in den letzten Jahren erst deutlicher abgezeichnet haben. Hier ist der Bereich der ZBJI besonders prominent. Die Reflexionsgruppe, welche vom Rat 1994 eingesetzt wurde und sich aus Vertretern der Außenministerien, des Kommissionspräsidenten und des Europäischen Parlaments zusammensetzt, hat dies in ihrem Zwischenbericht[5] diplomatisch und doch drastisch ausgedrückt: die Kriminalität hat in bestimmten Bereichen supranationale Strukturen angenommen, der

3 A 3-123/92, ABl.EU 1992 C 125, 81.

4 Bericht vom 10.5.1995, gesondert veröffentlicht, vgl. auch BullEU 5-1995, 100.

5 vom 1.9.1995 (SN 509/1/95 REV 1 (REFLEX 10), S. 23 f.

Migrationsdruck armer und/oder bedrohter Menschen aus Süd und Ost hat zugenommen, die Öffnung der Grenzen nach dem Osten wird all dies in absehbarer Zeit noch viel akuter machen - aber was die Mitgliedstaaten hiergegen unternommen haben, „steht in keinem Verhältnis zur Größe der Herausforderungen".

Deshalb sind sich alle - Organe und Mitgliedstaaten - wohl darüber einig, daß die dritte Säule des europäischen Hauses dringend der Verstärkung bedarf. Wie dies aber geschehen soll, darüber gehen die Meinungen auseinander. Dies ist angesichts des Sachbereichs, um den es sich handelt, auch nicht weiter verwunderlich. Denn diese dritte Säule umfaßt neben der Zusammenarbeit der Gerichte (welche in der Reformdiskussion keine wesentlichen Probleme aufwirft und deshalb auch hier kaum Erwähnung finden wird) die Politik der Inneren Sicherheit, die Zuwanderungspolitik und die Asyl- und Flüchtlingspolitik. Die beiden letzten Bereiche hängen mit dem bereits erwähnten Migrationsdruck aus Süd und Ost eng zusammen und betreffen - neben ihrer ethischen Komponente und der Frage einer gerechten Lastenverteilung - unter anderem auch Probleme des inneren Friedens in der Bevölkerung der Mitgliedstaaten, welche mit der Entwicklung etwa am Balkan immer bedeutsamer werden. Die Anschläge von Solingen oder die Unruhen von Hoyerswerda etwa zeigen uns, daß dies wiederum natürlicherweise mit dem ersteren Bereich, der inneren Sicherheit, zusammenhängt. Um hier die Entwicklungsmöglichkeiten in der Europäischen Union für die Zukunft beurteilen zu können, ist ein Blick auf die besondere Bedeutung dieser Bereiche und insbesondere der Inneren Sicherheit für Staaten und Regierungen vonnöten.

Die Schlußfolgerungen der Europäischen Räte von Madrid[6], Florenz[7] und Dublin[8] zeigen, daß sich die Staaten der Dringlichkeit dieser Aufgabe bewußt sind. Die Schaffung eines Freiheits- und Sicherheitsraums für die Bürger wird als vordringliche Aufgabe angesehen. Die großen Aufgaben werden eindringlich identifiziert: Terrorismus, Drogenhandel und Drogenmißbrauch, Organisierte Kriminalität, Menschenhandel und sexuelle Ausbeutung von Kindern und illegale Einwanderung. Die bedrohlichen

---

6 Dezember 1995.
7 Juni 1996.
8 Dezember 1996.

Entwicklungen in diesen Bereichen fordern eine schnelle und gemeinsame Reaktion der Mitgliedstaaten.

2. Bedeutung der Inneren Sicherheit für den Staat

Die Innere Sicherheit ist auf das engste mit dem Gewaltmonopol des Staates verknüpft. Dieses Konstitutivum eines jeden Staates - welches in der EU nur den Mitgliedstaaten, nicht aber der Union oder ihren Untergliederungen zusteht - muß als effektive Staatsqualität bewahrt bleiben, um weiterhin von allen Bürgern anerkannt zu werden. In der alten Formel, Staatsangehörigkeit bedeute protectio und subiectio[9], wird dies ausgedrückt: der Staat ist Sicherheitsgarant des Bürgers, dem er die Gewalt als erlaubtes Mittel bis auf extreme Notsituationen rechtlich untersagt. Das Gewaltmonopol beinhaltet auch die Pflicht zur schützenden Gewaltausübung. Die Staatsgewalt, welche durch Nachsicht oder Unfähigkeit, durch Bürgerkrieg und fremde Einmischung zum Unsicherheitsfaktor wird, schafft ein Machtvakuum, das immer zur Neuauffüllung tendiert: im günstigsten Falle durch demokratische Ablösung, häufiger aber durch Putsch und Ersetzung durch eine Diktatur, oder schließlich auch durch Interventionen von außen, wie dies etwa im Libanon, aber auch jetzt in Bosnien-Herzegowina vorexerziert wurde. Die möglichen Entwicklungen im Rußland unserer Tage sind eine weitere Illustration dieses Mechanismus und der Befürchtungen, die er auslösen muß. Das Problem der "failing states"[10] (etwa: Somalia) mit seiner Spannung zwischen Interventionsverbot, humanitären Anforderungen und Sicherheitsbedürfnis an den eigenen Grenzen oder in der eigenen Region beschäftigt die Völkerrechtler heute wieder in steigendem Maße, eine Antwort auf neue und doch so alten die Probleme, welche die Zeit mit sich gebracht hat.

Man braucht nicht auf solche extremen Beispiele zu rekurrieren um zu verstehen, daß die Innere Sicherheit eine besondere Kategorie der politischen Verantwortlichkeit der jeweiligen Träger von Staatsgewalt ist. Sie werden von den Bürgern unmittelbar dafür verantwortlich gemacht, daß

---

9 *Thomas Hobbes*, Elementa philosophica III: de cive, Kap. 5, 12.

10 Vgl. *Thürer, D. / Herdegen, M. /Hohloch, G.*: Der Wegfall effektiver Staatsgewalt: „The failed state“, Berichte der deutschen Gesellschaft für Völkerrecht 34 (1996).

die persönliche Sicherheit und die Unverletzlichkeit der individuellen Rechte garantiert bleibt. Würde Selbsthilfe im Gewaltbereich notwendig, weil staatlicher Schutz nicht ausreichend wäre, so würde dies den verläßlichen Ordnungscharakter des Staates und damit den Staat selbst zerstören. Es ist aber politisch darüber hinaus bereits untragbar, daß sich eine nennenswerte Anzahl von Bürgern in einem Staat unsicher fühlen.

Jede Regierung wird also die Innere Sicherheit als dominantes Politikfeld pflegen, weil sie dafür letztlich auch verantwortlich gemacht wird. Sie kann es sich nicht leisten, als schwach und als Sicherheitsrisiko angesehen zu werden. Sie ist auch nicht nur aus Gründen des politischen Überlebens an Innerer Sicherheit interessiert, denn viele beklagenswerte Beispiele aus den letzten zwanzig Jahre haben uns gezeigt, daß Politiker auch physisch in der ersten Reihe der Opfer stehen, wenn Terroristen Sicherheit und Bestand eines Staates angreifen wollen. Wenn also Fragen der inneren Sicherheit an sich ureigenste Probleme des Nationalstaates sind, so hat sich hier doch in neuerer Zeit eine neue grenzübergreifende Entwicklung angebahnt.

Die Mobilität über Grenzen hinweg ist nicht nur ein Segen für die Tourismusindustrie, sondern auch für Kriminelle, welche ihren Aktionsradius ausdehnen, ihre bandenmäßige Vernetzung internationalisieren oder auch nur hinter den Grenzen anderer Staaten untertauchen wollen. Hieraus sind internationale Kooperationen entstanden, für die im Bewußtsein einer breiteren Öffentlichkeit symbolisch Interpol wie die Spitze eines Eisbergs steht[11]. Die Öffnung der Grenzen in der Europäischen Union, welche zunächst als Funktion der Bildung des gemeinsamen Binnenmarktes als eines "Raums ohne Grenzen" mit freiem Verkehr von Waren, Personen, Dienstleistungen und Kapital gemäß Art. 7 a EGV erfolgte und durch Art. 8 EGV über die Wirtschaftsvorgänge hinaus allen Gemeinschaftsbürgern verheißen wurde, hat Europa in dieser Hinsicht Probleme neuer Qualität gebracht.

Wirtschaft und Kriminalität haben schon immer Berührungspunkte miteinander gehabt, nicht nur bei der Schnittmenge "Wirtschaftskriminalität", sondern auch bei der Einflußnahme des organisierten Verbrechens auf wirtschaftliche Vorgänge durch Schutzgelder, Korruption und Aktio-

---

11 *Bresler, F.*: Interpol (1995).

nen der Geldwäsche. Auf der anderen Seite haben Mechanismen, die unter anderem auch der Verbrechensbekämpfung dienen, Kontrollen zur Folge, welche sich, etwa in Gestalt von Grenzkontrollen, zu Quellen erheblicher Transaktionskosten für die Wirtschaft entwickelten. Waren es bereits diese Faktoren, welche die Innere Sicherheit in einem Gemeinsamen Markt quasi natürlicherweise zu einem Problem grenzüberschreitender Koordination machten, so hat die schrittweise praktische Niederlegung dieser Grenzen durch Reduzierung oder gar einen Wegfall der Grenzkontrollen eine neue Dimension dieses Problems geschaffen. Und wo diese Reduzierung noch nicht stattgefunden hat, wird sie mit Hinweis gerade auf die Probleme der Inneren Sicherheit zurückgehalten.

Um die Bedeutung des Zusammenhangs zwischen Grenzöffnung und Innerer Sicherheit für nationale Regierungen richtig bewerten zu können, muß man die Kosten von Beibehaltung und Abschaffung der Grenzkontrollen berücksichtigen. Grenzkontrollen in der Gemeinschaft sind aus wirtschaftlichen Gründen praktisch nicht mehr notwendig. Sie begründen Transaktionskosten, welche durch Formalien und Wartezeiten an der Grenze entstehen. Ihre Senkung trägt nach den Regeln der Außenhandelstheorie zur Integration des Gemeinsamen Marktes und damit zur Steigerung der Wohlfahrt in den Mitgliedstaaten insgesamt bei. Dem steht gegenüber ein Wegfall der "Filterwirkung" der Grenzkontrollen von Waren und Personen zur Verbrechensbekämpfung. Wenn man auch über die Effektivität dieser Wirkung streiten kann und annehmen darf, daß die gefährliche Kriminalität ihre Wege kennt, um Grenzkontrollen unbemerkt zu passieren, so ist es doch eine Tatsache, daß immer wieder Straftäter oder auch Straftaten selbst (wie der unautorisierte Transport von Nuklearmaterial) an der Grenze auffallen und daß deshalb Grenzkontrollen selbst einen abschreckenden Effekt, wenn auch von unterschiedlicher Intensität, haben.

Vor allem aber haben sie eine Öffentlichkeitswirksamkeit, sie demonstrieren die Wirksamkeit der Staatsmacht an den Grenzen durch eine Eingangs- und Ausgangskontrolle. Die Reduzierung dieser Publizität bringt immaterielle Kosten für die Staatsgewalt mit sich, nämlich spätestens dann, wenn die Öffentlichkeit erfährt, daß Straftäter aus anderen Mitgliedstaaten eingereist sind, um etwa einen Sprengstoffanschlag zu verüben oder daß Drogen, die in anderen Mitgliedstaaten legal erworben werden können, unbehelligt über die Grenze gelangen. Wenn eine Regierung ihrer Bevölkerung gegenüber feststellen muß, daß sie aufgrund rechtlicher Bindungen gegenüber fremden Staaten hiergegen nichts mehr an der Grenze unternehmen darf, dann kann sie dies nur dann politisch unbeschadet überstehen, wenn sie deutlich macht, daß zum einen die Beseitigung der Grenzkontrollen vorteilhaft war (also ihr Nutzen die Kosten übersteigt) und daß sie entweder ihre Verantwortung in vom Bürger ebenfalls voll kontrollierbare und sanktionierbare überstaatliche Hände gelegt hat oder daß sie selbst einen letztlich bestimmenden Einfluß auf diejenigen Mechanismen behalten hat, welche die Innere Sicherheit nunmehr ersatzweise auf anderen Wegen garantieren sollen.

Der wirtschaftliche Gewinn ist relativ. Die Senkung wirtschaftlicher Transaktionskosten ist mit Sicherheit ökonomisch und der Wegfall von Grenzen ist sowohl praktisch wie auch symbolisch vorteilhaft für die Entwicklung zu einem gemeinsamen Europa über den Marktcharakter hinaus. Dem steht aber gegenüber eine Einschätzung der Antwort auf die dann entstehende Frage, ob die Beseitigung der Grenzkontrollen die Kriminalitätsbekämpfung erschwert - was man wohl annehmen kann - und ob man durch andere Maßnahmen diese immateriellen Kosten zu Lasten der Inneren Sicherheit wieder reduzieren oder gar beseitigen kann.

Die Frage nach einer möglichen gleichwertigen Europäisierung der Sicherheitspolitik bei gleichem Kontroll- und Schutzniveau für die Bürger Europas kann zum gegenwärtigen Zeitpunkt nur negativ beantwortet werden. Denn wie das Bundesverfassungsgericht richtig festgestellt hat[12], wird die Ausübung hoheitlicher Befugnisse in Europa gegenwärtig *"zuvörderst über die nationalen Parlamente der in ihr zusammengeschlossenen demokratischen Staaten von deren Staatsvölkern legitimiert"*[13]. Die Verantwortlichkeit ist also im doppelten Sinne gebrochen. Franzosen kontrollieren über die Assemblée Nationale die französische Regierung, Deutsche über den Bundestag und den Bundesrat die Bundesregierung, nicht aber bestimmend über das Europäische Parlament die eu-

12 BVerfG NJW 1995, 2216. Vgl. auch die Entscheidung BVerfGE 89, 155, 184 f. zum Vertrag von Maastricht.

13 Vgl. auch *Schütz, R.*: Europaweite Freizügigkeit ohne demokratische Kontrolle?, *AÖR* 120 (1995), 509; *Curtin, D. / Meijers, H.*: The principle of open government in Schengen and the European Union, *CMLR* 32 (1995), 391.

ropäische Gesetzgebung und Verwaltung. Die Bundesregierung aber hat bei Vergemeinschaftung von Rechtsetzung oder Verwaltung auch nicht die ungeteilte Einflußmöglichkeit auf jede einzelne Entscheidung.

Denn die institutionellen Regeln der EG geben Anlaß zu vielen Gelegenheiten, bei denen eine nationale Regierung sagen muß (oder auch: darf), sie habe etwas gerne in bestimmter Weise regeln wollen, sei aber "von Brüssel" daran gehindert worden. Dies gilt dann, wenn etwas nicht mehr im Alleingang geregelt werden kann, wegen entgegenstehenden Gemeinschaftsrechts oder bei einer ausschließlichen Gemeinschaftskompetenz. Es gilt aber auch dann, wenn ein Sachbereich sinnvoll nur noch auf europäischer Ebene geregelt werden kann. Hier kann das Erfordernis der Einstimmigkeit einem Staat, das exklusive Initiativrecht kann der Kommission ein Blockademöglichkeit geben. Umgekehrt kann bei Mehrheitsabstimmungen ein Staat mit seiner Konzeption unterliegen.

Im Bereich der Inneren Sicherheit kann diese Situation deswegen so gefährlich werden, weil nach einer Öffnung der Grenzen sachlich nur noch europäisch, also zumindest koordiniert auf die dann zusätzlich entstehenden Sicherheitsprobleme reagiert werden kann. In diesen Fällen wird aber trotzdem die Regierung des jeweiligen Mitgliedstaats für wirkliche oder behauptete Versäumnisse verantwortlich gemacht, weil sie nicht glaubwürdig die Verantwortung auf ein anonymes Staatenkollektiv abschieben kann. Dies wird auch noch so lange so bleiben, bis den Bürgern gegenüber glaubhaft gemacht werden kann, daß die Kompetenz europäisiert wurde und in Europa in guten Händen liegt. So lange aber weiter die nationale Polizei tätig wird, werden die Bürger letztlich doch den nationalen Staat für Sicherheitsdefizite verantwortlich machen.

Damit muß sich - bis die EU die Gewährleistung der Inneren Sicherheit übernehmen kann und damit eigenverantwortliche Staatsgewalt erhält[14] - jeder Mitgliedstaat davor hüten, sich auch für den Notfall die Hände zu binden. Grenzöffnung ohne befriedigende europäische Lösung der dann entstehenden Probleme ist ein riskantes Spiel, bei dem es zumindest eine Notbremse geben muß. In den weniger gravierenden Fällen muß eine Europäisierung etwa der Fahndungsmittel zusätzliche Unterstützung der

---

14 Das Problem, ob die Entwicklung der EU zum Bundesstaat hin wünschenswert ist, kann hier nicht erörtert werden.

fortbestehenden nationalen Mittel sein und sie muß so effektiv wie möglich gestaltet werden, wenn man im Vertrauen hierauf die Grenzkontrollen aufgibt. Hier müssen also Blockademöglichkeiten für EG-Organe[15] und für einzelne Mitgliedstaaten[16] ausgeschaltet oder doch entscheidend reduziert werden: bei der Zuweisung von Haushaltsmitteln ebenso wie bei der Veränderung und Anpassung der Rechtsnormen an sich ändernde Verhältnisse. Dies gilt so lange, bis die EU eigen- und letztverantwortlich Staatsgewalt im Bereich der Inneren Sicherheit ausübt.

3. Drei Thesen

Hieraus ergibt sich die **erste These**: Kein Staat sollte vernünftigerweise auf die Möglichkeit zu Sicherheitskontrollen an den Grenzen verzichten, ohne auf einen adäquaten Ersatz für die Grenzkontrollen vertrauen zu können und ohne eine letzte Rückfallposition beim Scheitern dieses Vertrauens zu haben. Der Ersatz muß im gemeinsamen Einvernehmen der Staaten erstellt, in seiner finanziellen Ausstattung gesichert und bei Anpassungsbedarf an sich ändernde Realitäten effektiv veränderbar sein, ohne daß die Verantwortung jeder einzelnen Regierung hierfür und ihr Einfluß hierauf beseitigt wird. Völkerrechtliche Vereinbarungen sind hierfür grundsätzlich geeignet, aber im Zustandekommen und der Veränderung eher schwerfällig. Bei einer Übertragung von Kompetenzen auf die Gemeinschaft ist die Verantwortung und bestimmende Einflußnahme von Mitgliedstaaten so gut als möglich zu sichern: durch Einstimmigkeit in wichtigen Fragen, durch ein jederzeitiges gleichberechtigtes Initiativrecht von Mitgliedstaaten und Kommission und durch die Sicherstellung einer jederzeitigen ausreichenden Finanzierung. Für Notfälle zu Lasten eines einzelnen Mitgliedstaats muß es eine Schutzklausel geben, welche es erlaubt, Notmaßnahmen zu ergreifen.

Die Beseitigung der Grenzkontrollen ist auch unter einem anderen Aspekt problematisch: dem der unterschiedlichen Rechtslage in bezug auf

---

15 Hier muß man etwa an Haushaltsvetos des Europäischen Parlaments (Art. 203 Abs. 8 EGV) und an die Abstinenz der Kommission, einen Vorschlag für rechtliche Regelungen zu machen oder ihre Möglichkeit, einen solchen Vorschlag wieder zurückzuziehen, denken (Art. 189 a - c EGV).

16 Bei Geltung des Einstimmigkeitsprinzips für Rechtssetzungen im Rat.

gewisse Delikte[17]. Hier bedarf es etwa einer Rechtsharmonisierung im Drogenbereich und einer harmonisierten Regelung über die Zuständigkeit der Strafgerichte zur Vermeidung einer „freien Wahl des mildesten Gerichts“ durch einen Täter durch Flucht ins europäische Ausland. Auch hier also muß es für einen Staat vernünftigerweise einen Bedingungszusammenhang zwischen der Harmonisierung und der Grenzöffnung geben und eine Garantie, daß nationale Alleingänge in Zukunft rechtlich ausgeschlossen sind. Zwischenstaatliche völkerrechtliche Regeln sind hierfür zwar geeignet, aber ihre Erarbeitung und Veränderung ist schwerfällig.

Dies spricht für eine Anbindung dieser Regelungsbereiche an die Gemeinschaft, bei der - selbst unter Beachtung eines Einstimmigkeitsprinzips - eine harmonisierte Normsetzung einfacher vonstatten gehen kann. Andererseits aber stellt sich dann die Frage, ob jeder Mitgliedstaat durch das Einstimmigkeitsprinzip ein Vetorecht für zukünftige Veränderungen solcher Rechtsregeln bekommen soll. Eine Reaktion auf künftige Veränderungen in der Realität des internationalen Verbrechens würde dann wegen einer solchen Vetomöglichkeit nicht mehr effektiv möglich sein. Wählt man jedoch das Prinzip der Mehrheitsentscheidung, dann ist der Einfluß eines einzelnen Staates auf die materielle strafrechtliche und auf die strafprozessuale Rechtslage nicht mehr gewährleistet mit allen daraus möglicherweise resultierenden Akzeptanzproblemen in der Bevölkerung, die auch über das Europäische Parlament keinen unmittelbaren Einfluß auf eine bestimmte positive Rechtsetzung haben kann, weil dieses selbst nach dem Verfahren der Mitentscheidung nach Art. 189 b EGV nur ein Vetorecht hat. Der Druck der Internationalisierung des Verbrechens wird möglicherweise jedoch solche Bedenken bald reduzieren.

Die **zweite These** lautet deshalb: Eine Harmonisierung des materiellen Strafrechts und der Zuständigkeit der Strafgerichte in Europa ist bei einem schrankenlosen Innenraum der Gemeinschaft notwendig. Völkerrechtliche Vereinbarungen sind hierfür ein schwerfälliger Mechanismus; eine Harmonisierung durch die EG bedürfte einer Vertragsänderung. Verlangt man hierfür Einstimmigkeit, so ist zwar der Einfluß jedes Staats auf die materielle Regelung gesichert, aber eine spätere Anpassung könnte problematisch werden. Trotzdem gibt es bei der internationalen

---

17 *Schomburg, W.*: Strafrecht und Rechtshilfe im Geltungsbereich von Schengen II, *NJW* 1995, 1931.

Kriminalität keine Alternative, im überstaatlichen Kompromiß eine Ergänzung des nationalen Instrumentariums zu suchen, auch wenn hier wegen zunächst unterschiedlicher Ausgangspunkte der Anfang schwer sein wird.

Bei der Einwanderungs-, Flüchtlings- und Asylpolitik sind die Probleme etwas anders gelagert, wenngleich auch hier der Zusammenhang mit der Inneren Sicherheit, wie bereits dargelegt, unübersehbar ist. Der Binnenraum ohne Grenzen bedarf der Solidarität aller Mitgliedstaaten, die bereits bei der Aufnahme an der Außengrenze der Union die Berechtigung zu Einreise prüfen müssen und gemeinsam eine Lastenteilung gewährleisten müssen, welche der Leistungsfähigkeit jedes einzelnen Staates hierzu entspricht. Ohne diese Solidarität können Staaten wie die Bundesrepublik mit ihrem immer noch weitgehenden Asylrecht einer Bildung eines Raumes ohne Grenzkontrollen vernünftigerweise nicht zustimmen.

Hier gibt es zwei Aspekte zu bedenken. Einwanderungspolitik bleibt immer letztlich auch auf die Möglichkeit einer späteren Einbürgerung hin bezogen. Dies aber ist eine genuin staatliche Angelegenheit, weil es die reine Gemeinschaftsbürgerschaft ohne eine Staatsangehörigkeit in einem Mitgliedstaat nicht gibt und weil dies auf absehbare Zeit auch so bleiben wird. Schon insoweit könnte eine mögliche Gemeinschaftszuständigkeit nur den zeitweiligen Aufenthalt von Flüchtlingen und Asylanten sowie allgemein von Personen mit befristeter Aufenthaltserlaubnis betreffen. Die Kommission hat hierzu eine Richtlinie auf der Basis von Art. 100 vorgeschlagen[18], welche Personen mit Aufenthaltserlaubnis in einem Mitgliedstaat eine Reiseerlaubnis in der gesamten Gemeinschaft erteilen möchte - unter der Bedingung, daß die sicherheitspolitischen Ausgleichsmaßnahmen für die Grenzöffnung bis dahin effektiv wurden, also insbesondere die Einrichtung von EUROPOL[19].

Auch kann die Europäische Gemeinschaft bei der gerechten Verteilung von Flüchtlingen und Asylanten durchaus gute Dienste leisten. Hier ist eine Harmonisierung der Grundsätze über die Aufnahme von Flüchtlin-

---

18 Bull. EU 7/8-1995, 1.1.3, Dok. KOM(95) 346.

19 Allgemein hierzu *Storbeck, J.*: EUROPOL-Probleme und Lösungen, *Kriminalistik* 50 (1996), 17 - 21.

gen nach der Genfer Flüchtlingskonvention von 1951[20], die alle Mitgliedstaaten gemeinsam bindet, wünschenswert. Nach der Änderung des deutschen Asylrechts mit Blick auf den Binnenmarkt und die Abkommen von Schengen[21] in Art. 16 a Abs. 2 und 4 GG ist Deutschland auch in der Lage, einem Asyltourismus gemeinsam mit den anderen Mitgliedstaaten rechtliche Regeln entgegenzusetzen. Wenn allerdings Art. 16 a Abs. 4 nur auf völkerrechtliche Abkommen zwischen den EU-Mitgliedstaaten über die Asylprüfung und ihre gemeinschaftsweite Anerkennung als Ausnahme vom Asylrecht nach Abs. 1 verweist, dann ist dies eine wesentliche Erschwerung einer Übertragung solcher Autorität auf die Europäische Gemeinschaft selbst.

Die Bundesrepublik ist ebenso wie andere Mitgliedstaaten offensichtlich der Auffassung, daß diese Regelung am besten durch völkerrechtliche Verträge getroffen wird. Die Bilanz der ZBJI in diesem Bereich ist aber mager: Es fehlt an verbindlichen Regeln, weil sich die Mitgliedstaaten nur zu Entschließungen bereit fanden. Die bisher einzige Konvention von Dublin aus dem Jahre 1990[22] über die Asylgewährung und Anerkennung ist bis heute noch nicht in Kraft getreten. Ziffer 2 der Asylrechtserklärung in der Schlußakte des Vertrags von Maastricht zeigt im übrigen, daß die gesamte Asylproblematik nach Auffassung der Mitgliedstaaten völlig außerhalb der Gemeinschaftszuständigkeit liegt. Die Schwerfälligkeit spricht aber gegen die zwischenstaatliche Zusammenarbeit als effektivem Mittel.

Damit müßte auch hier eine Gemeinschaftszuständigkeit durch Vertragsänderung begründet werden. Allerdings gibt es dabei wieder ein Dilemma: Staaten wie Deutschland mit offensichtlich auch nach der Verfassungsreform kaum gebrochener Attraktivität für Asylbewerber können es sich kaum leisten ruhig abzuwarten, bis andere Mitgliedstaaten mit entgegengesetzten Interessen nach langer Verzögerung einem Kompromiß zuzustimmen bereit sind. Bei einer Gemeinschaftszuständigkeit spräche dies für Mehrheitsentscheidungen, allerdings um den Preis einer Reduzierung der Einflußnahme auf Erlaß und Änderung einer solchen Rege-

---

20 BGBl. 1953 II, 560.

21 Abkommen von Schengen vom 14.6.1985 (Schengen I), GMBl. der Bundesregierung 1986, 790; Zusatzabkommen vom 9.6.1990 (Schengen II), BGBl. 1993 II, 1010.

22 Bull. EG 6-1990, 2.2.2.

lung. Auch hier bedürfte es also wohl einer Schutzklausel, welche bei gravierenden Zuströmen einen nationalen Alleingang im Notfall möglich machte.

Aus dem Gesagten ergibt sich die **dritte These**: Im Bereich der Einwanderungs-, Flüchtlings- oder Asylpolitik ist eine Harmonisierung der Regeln über die Aufnahme und Verteilung von Ausländern durchaus wünschenswert und in den Regeln des Genfer Flüchtlingsabkommens gibt es hierfür auch bereits eine Leitlinie. Allerdings ist die Form des völkerrechtlichen Vertrages hierfür nicht besonders effektiv, was das Schicksal der Konvention von Dublin zeigt. Wenn eine Notkompetenz der Mitgliedstaaten vorgesehen würde, wäre die Übertragung von Kompetenzen auf die Gemeinschaft zur Mehrheitsentscheidung denkbar. Jedenfalls aber wäre die Einstimmigkeit im Rat dem völkerrechtlichen Vertragsschluß vorzuziehen. Eine Schutzklausel für Notfälle wäre unverzichtbar.

4. Praxis der ZBJI bisher

Die polizeiliche Zusammenarbeit zwischen den Behörden der EU-Mitgliedstaaten[23] hat eine Vorgeschichte, welche bereits vor die Zeit des EUV zurückreicht und von Pragmatismus geprägt ist. Die TREVI-Kooperation koordinierte allgemein die Zusammenarbeit und diente schwerpunktmäßig der Bekämpfung der international organisierten Kriminalität und des Rauschgifthandels. CELAD beschäftigte sich mit den Problemen des Drogenhandels. Im Zollbereich gab es eine Arbeitsgruppe für gegenseitige Amtshilfe. Seit 1989 werden diese Bereiche durch eine Gruppe von Koordinatoren miteinander verbunden. Durch den Vertrag von Maastricht (Art. K.1) wurde diese Arbeitsgruppen in die ZBJI eingebunden. Der Koordinierungsausschuß wird jetzt nach Art. K.4 EUV tätig. Allerdings hat sich die Vervielfachung von Gremien mit dem Laufe der Zeit als eher kontraproduktiv ausgewirkt.

---

23 *Klos, C.*: Zusammenarbeit der Polizei- und Justizverwaltungen nach Maastricht, *NJW* 49 (1996), 1877; *Wehner, R. / Niedobitek, M.*: Europäische Zusammenarbeit bei der polizeilichen Terrorismusbekämpfung aus rechtlicher Sicht, *DÖV* 48 (1995) 212.

Die vollständige Öffnung der Grenzen innerhalb der gesamten Gemeinschaft für Personen ist bisher nicht gelungen. Vielmehr haben eine Reihe von Mitgliedstaaten zusammen mit Drittstaaten[24] durch die Parallelabkommen von Schengen[25] einen neuen inneren Kreis von Freizügigkeit gebildet, welcher die Gemeinschaft in zwei Teile teilt[26]. Die Zusammenarbeit in dieser neuen Vertragsgemeinschaft ist jedoch nicht ohne Probleme[27]. Sie stützt sich unter anderem auf ein grenzüberschreitendes Informationssystem, welches die bestehenden grenzüberschreitenden Systeme in der Zollverwaltung und bei Europol ergänzt[28].

Das Abkommen Schengen II regelt auch die Fragen der Asyl-Anerkennung an den Außengrenzen des Vertragssystems[29]. Dies soll durch das Dubliner Abkommen vom 27.6.1994[30] gemeinschaftsweit geregelt werden, welches jedoch erst nach Ratifikation durch alle Vertragsstaaten in Kraft treten kann, was bis heute jedoch noch nicht erfolgt ist. Ein weiteres Beispiel für schleppende Verwirklichung einer Zusammenarbeit im Bereich der ZBJI ist Europol. Die Notwendigkeit einer koordinierten polizeilichen Zusammenarbeit gegen das internationale Verbrechen wurde gesehen. So wurde bereits vor Vertragsabschluß ein Vorläufer von Europol, die Drogeneinheit, geschaffen, welche bei der Bekämpfung von Drogenhandel und Geldwäsche auch durchaus Erfolge zu verzeichnen hatte. Der Justizministerrat vom März 1995 erweiterte dann deren Aufgabenstellung auf Nuklearhandel, Kfz-Verschiebungen über die Grenze,

---

24 Island und Norwegen, die mit den nordischen EU-Mitgliedern in der nordischen Paßunion verbunden sind.

25 In Kraft seit 26.3.1995. Vgl. hierzu *Nicolaus, H.*: Schengen und Europol - Ein europäisches Laboratorium ?, *NVwZ* 1996, 40 - 42; *Bieber, R.*: Die Abkommen von Schengen über den Abbau der Grenzkontrollen, *NJW* 47 (1994), 294 - 296.

26 Großbritannien lehnt das Abkommen ab.

27 Frankreich hatte unmittelbar nach dem Inkrafttreten seine Beteiligung für eine gewisse Zeit wieder wegen innenpolitischer Sicherheitsprobleme suspendiert.

28 *Pitschas, R.*: Europäisches Polizeirecht als Informationsrecht, *ZRP* 1993, 174; *Zieschang, F.*: Der Austausch personenbezogener Daten mittels Europol, *ZRP* 1996, 427.

29 Zu den Einwanderungsfragen *Weber, A.*: Die Harmonisierung der Europäischen Einwanderungs- und Asylpolitik, *ZRP* 1993, 170.

30 BGBl. 1994 II, 791.

Schleuserkriminialität und die damit verbundenen Geldwäsche-Aktionen. Im Juli 1995 wurde dann das Europol-Abkommen abgeschlossen[31]. Allerdings mußte man eine Einigung über den Rechtsschutz noch ein weiteres Jahr aufschieben. Sie kam erst beim europäischen Rat von Florenz im Juni 1996 mit dem unbefriedigenden Ergebnis zustande, daß es jedem Mitgliedstaat freisteht, ob er seinen nationalen Gerichten eine Anrufung des EuGH erlaubt.

Die bisherige Praxis der ZBJI hat im Ergebnis bisher mehr schlecht als recht funktioniert, was auch sowohl im Abschlußbericht der Reflexionsgruppe[32] als auch im Bericht der Kommission an die Reflexionsgruppe[33] so bewertet wurde. Dies liegt im Instrumentarium ebenso wie im Nebeneinander der Säulen nach dem EUV bei unklarer Zuständigkeitsabgrenzung. Das Instrumentarium der ZBJI ist im wesentlichen ähnlich demjenigen der Gemeinsamen Außen- und Sicherheitspolitk (GASP) gestaltet. Artikel K.3 EUV sieht gemeinsame Standpunkte, gemeinsame Maßnahmen und völkerrechtliche Übereinkommen als Rechtsformen vor. Die Verbindlichkeit dieser Formen ist nur bei der letzteren unbestritten. Die Kommission nimmt wohl bei allen dreien eine Verbindlichkeit an[34], was aber rechtlich - selbst wenn man dies bejahte - zu keinen durchsetzbaren Folgen führt, weil die Zuständigkeit des EuGH für den Teil VI mit geringen Ausnahmen nach Art. L EUV ausgeschlossen ist.

Der völkerrechtliche Vertrag ist, das zeigten oder zeigen die Abkommen von Schengen und von Dublin, eine schwerfällige Regelungsart. Die Rechtsformen des Art. 189 EGV (Verordnung, Richtlinie, Entscheidung) wären viel schlagkräftiger, aber sie sind wiederum als typische Formen supranationaler Rechtsetzung einer Regierungskooperation auf völkerrechtlicher Ebene wenig angemessen. Das spricht für eine echte Vergemeinschaftung der dritten Säule. Dies brächte auch eine stärkere Einbindung des Europäischen Parlaments und eine Entscheidungsbefugnis des EuGH.

---

31 Bull. EU 6-1995, 1.5.5; 7/8-1995, 1.5.2.

32 SN 519/95 Reflex.20.

33 „Weichenstellungen für das 21. Jahrhundert" vom 10.5.1995, vgl. auch Bull.EU 5-1995, 100.

34 Bericht vom 10.5.1995, Ziff. 120 ff.

Die magere Ausbeute von echten normativen Regelungen im Rahmen der ZBJI, welche im Kontrast zu einem gewachsenen praktischen Bedürfnis steht, wird unter anderem auch darauf zurückgeführt, daß nach Art. K.3 Abs. 2 die Kommission in drei der neun Bereiche des Art. K.1 kein Initiativrecht hat: hinsichtlich der Zusammenarbeit der Gerichte in Strafsachen, der Zollbehörden und der Polizeilichen Zusammenarbeit.

Das Nebeneinander von erster und dritter Säule führt zu Überlappungen und zu Kompetenzunsicherheiten. Hier kann etwa bei der Einreisepolitik das Nebeneinander von ZBJI (Ausländerrecht und materielles Einreiserecht) und der Gemeinschaftskompetenz nach Art. 100 c EGV genannt werden, welcher die Entscheidung über die Visapflicht separat regelt. Die Kontrolle krimineller Waffenschiebereien als Problem der Sicherheitspolitik überschneidet sich mit der Außenhandelskompetenz nach Art. 113 EGV und mit der GASP. Das gemeinsame Dach der drei Säulen der EU ist hier nur von begrenzter Integrationskraft.

Die Überführung von Sachbereichen der ZBJI in Gemeinschaftszuständigkeiten entsprechend derjenigen des Art. 100 c EGV ist in der sogenannten "passerelle" des Art. K.9 EUV vorgesehen. Diese Vertragsänderungsvorschrift, eine lex specialis zu Art. N EUV, ist aber nicht etwa eine Variante der erleichterten autonomen Vertragsänderung, sondern sie verlangt die Zustimmung aller Mitgliedstaaten im Rat und die Ratifikationen durch die nationalen Parlamente. Damit hat sie bis heute keinerlei Rolle gespielt, obwohl ihre Hauptfunktion die Orientierung des unbefriedigenden Kompromisses von Maastricht über die ZBJI hin auf eine Verbesserung dieses Teilsystems ist. Auch hat ihre Formulierung dazu geführt, daß eine Einbeziehung der Zusammenarbeit der Polizei, in Strafsachen und der Verwaltung in die Gemeinschaftszuständigkeit von vornherein als ausgeschlossen angesehen wurde.

Die wirklich sensitiven Bereiche der dritten Säule wurde durch zwischenstaatliche Übereinkommen geregelt: Schengen und Dublin.

5. Änderungsvorschläge

5.1 Allgemeine Konzeption

Die Reflexionsgruppe hat in ihrem Abschlußbericht[35] die Notwendigkeit einer Antwort Europas auf das international organisierte Verbrechen betont. Andererseits wird darauf hingewiesen, daß der Schutz der Inneren Sicherheit auf europäischem Niveau nicht den Individualschutz verringern darf. Auf den Wunsch der öffentlichen Meinung nach größerer Sicherheit der Bürger in Europa wird hingewiesen. Binnenmarkt und offene Grenzen führten dazu, daß die Staaten alleine die Innere Sicherheit nicht mehr ausreichend gewährleisten könnten. Nationale Sicherheitspolitik könne dem internationalen Verbrechen nicht mehr ausreichend Paroli bieten. Auch die anstehenden Osterweiterungen verlangten hier besondere europäische Anstrengungen.

Dies gelte auch für die Schwierigkeiten, welche in den Mitgliedstaaten aufgrund des gestiegenen Migrationsdrucks aus dritten Ländern entstünden. Ihr Umfang, aber auch die Probleme der Kontrolle illegaler Immigration erforderten eine gemeinsame Antwort der Mitgliedstaaten der Union. Wie dies zu erreichen sei, wird jedoch unterschiedlich beurteilt. Ein Teil der Mitgliedstaaten befürwortet eine Beibehaltung der intergouvernementalen Zusammenarbeit unter Verbesserung ihrer Rahmenbedingungen und Instrumentarien, eine Mehrheit befürwortet wohl einen Schritt hin zu - jedenfalls teilweiser - Vergemeinschaftung von Aspekten der dritten Säule. Jedenfalls mehrheitlich wird besonders betont, die Handlungsziele müßte klarer definiert, die Handlungsbereiche der drei Säulen besser miteinander koordiniert und die Instrumentarien der Zusammenarbeit verbessert werden. Insbesondere gelte es, die Prozeduren zu vereinfachen.

Unter diesem Blickwinkel kann man nun die Vorschläge zu einer Veränderung des Titels VI des EUV durch die Revisionskonferenz 1996 betrachten. Sie lassen sich in einer Übersicht wie folgt zusammenfassen:

- Übertragung der Zuständigkeiten an die EG in vollem Umfang oder jedenfalls zum Teil,

---

[35] Anm. 32.

- klarere Abgrenzungen der Kompetenzen,
- effektivere Formen der Rechtsetzung,
- grundsätzliches Initiativrecht der Kommission,
- mehr Beteiligung des Europäischen Parlaments,
- Zuständigkeit des EuGH,
- Finanzierung durch den Haushalt,
- engere und effektivere Zusammenarbeit in der ZBJI selbst und
- leichtere Übertragung von Zuständigkeiten durch die passerelle nach K.9

5.2 Übertragung von Zuständigkeiten an die EG

Der radikalste Vorschlag in diese Richtung wurde vom Europäischen Parlament vorgelegt, welches die Übertragung aller Sachbereiche des Artikels K.1, also auch jenen der polizeilichen Zusammenarbeit in Gemeinschaftskompetenz forderte[36]. Auch die Konventionen von Schengen sollen, mit der Möglichkeit des Beitritts für die restlichen Mitgliedstaaten, zum acquis communautaire hinzugenommen werden. Die Reflexionsgruppe beschränkt in ihrem Abschlußbericht mehrheitlich diese Forderung auf die Sachbereiche Einwanderung, Asylrecht und Visapolitik sowie Kontrolle an den Außengrenzen - eine Minderheit will noch die Bekämpfung von Drogenhandel, internationalem Betrug und die Zollzusammenarbeit hinzunehmen. Dagegen hat Großbritannien[37] und Dänemark[38] jeder Supranationalisierung von Bereichen der dritten Säule grundsätzlich widersprochen. Hier ist die Wahrung staatlicher Souveränität in Bereichen, welche so fundamental mit der Staatsgewalt zu tun haben, im Vordergrund. Nach dieser Ansicht gibt es nur die Möglichkeit einer praktischen Verstärkung zwischenstaatlicher Zusammenarbeit.

Die Mehrheit jedoch schließt es nicht aus, pragmatisch darüber zu befinden, ob die Gemeinschaften nicht in bestimmten Bereichen mit ihren Institutionen in die Erledigung der anstehenden Aufgaben eingeschaltet werden sollen. Sie empfehlen auch differenzierte Überlegungen über in-

---

36 Entschließung A3-0215/93 vom 15.7.1993, ABl.EU 1993 C 255, 168.

37 White Paper „A Partnership of Nations". The Britisch Approach to the European Union IGC 1996" vom 13.3.1996.

38 Basis for negotiation. An open Europe - Intergovernmental Conference 1996 (30.11.1995).

stitutionelle Modalitäten wie ein nicht ausschließliches Initiativrecht der Kommission, eine Kontrolle durch das Europäische Parlament und den EuGH und die Anwendung von Mehrheitsentscheidungen bei gleichzeitiger Beibehaltung der Einstimmigkeit in besonders problematischen Sachbereichen[39]. Sie geben dabei zu, daß sich die Zusammenarbeit durch völkerrechtliche Verträge als möglicherweise zu schwerfällig herausgestellt hat. Ihre Ersetzung durch Gemeinschaftsrecht oder jedenfalls erleichterte Regeln über das Inkrafttreten sollten daher überlegt werden.

Die Übertragung der Kompetenz zur Regelung der polizeilichen Kooperation auf die EG dürfte jedoch gegenwärtig realistischerweise ausgeschlossen sein. Sie wäre auch für die Mitgliedstaaten möglicherweise gefährlich. Denn wenn einmal eine Gemeinschaftskompetenz durch eine erste Regelung begründet wurde, dann kann in Zukunft eine Entscheidungsblockade für notwendige Anpassungen auftreten, wenn hierzu Einstimmigkeit erforderlich wäre oder wenn es ein ausschließliches Initiativrecht der Kommission gäbe. Das parallele Initiativrecht der Mitgliedstaaten, wie es Art. K.3 Abs. 3 EUV bisher für sechs der neun Sachbereiche des Art. K. 1 festlegt, muß also in jedem Fall erhalten bleiben. Eine Abstimmung mit Mehrheitsentscheidung kann aber für den einen oder anderen Mitgliedstaat ebenfalls eine zu riskante Regelung sein, weil sein Einfluß auf Sachverhalte in Brüssel nicht mehr entscheidend sein wird, die Regierung aber zu Hause für die mangelnden Sicherheitszustände verantwortlich gemacht wird.

Die Alternative der Kooperation durch völkerrechtliche Verträge im Sinne der bisherigen ZBJI riskiert allerdings auch eine Entscheidungsblokkade, wie sich an den Geburtswehen der Europol-Konvention ganz deutlich zeigt. Diese Lösung ist in jedem Falle schwerfälliger als ein Einstimmigkeitserfordernis im Rat, weil wenigstens das langwierige Ratifikationsverfahren gespart wird. Als - wenn auch nicht idealer - Kompromiß wäre deshalb die Übertragung mit Einstimmigkeitserfordernis zu empfehlen. Für Notfälle könnte der Art. 224 EGV mit dem gemeinschaftlichen Prüfungsverfahren des Art. 225 für alle beteiligten Parteien eine akzeptable Schutzklausel darstellen - eine Lösung, welche auch die Gefahren einer Blockade in Situationen notwendiger schneller Entscheidungen reduziert und berechenbar macht. Allerdings ist Art. 224 bisher

---

39 Bisher gilt sie als die Regel, vgl. Art. K.4 Abs. 3 EUV.

auf Fälle der Beeinträchtigung des Gemeinsamen Marktes zugeschnitten, was seine Anwendbarkeit auf den erörterten Bereich zweifelhaft macht. Hier bedürfte es einer klarstellenden Ergänzung des Vertragstextes, welcher auch eine Beeinträchtigung der allgemeinen Bewegungsfreiheit von Personen in der Union zum Anlaß für die Berufung auf diese Schutzklausel macht.

Weniger problematisch ist der Fall des Einwanderungs-, Flüchtlings- und Asylrechts. Denn hier gibt es zunächst die Vorgaben der Genfer Flüchtlingskonvention. Auch die Reflexionsgruppe bejaht mehrheitlich eine Vergemeinschaftung der Regelungen, welche das Überschreiten der Außengrenzen der Union betreffen[40]. Die Findung von Regeln über eine gerechte Lastenverteilung könnte aber überschattet sein von Versuchen, durch Verzögerung ungerechte Ergebnisse zum eigenen Vorteil zu perpetuieren. Hier müßte dann auch das wirtschaftliche und politische Gewicht des Staates eingesetzt werden, welcher die Hauptlast bisher trägt: nämlich die Bundesrepublik Deutschland. Auch hier müßte für Notfälle bei einer Vergemeinschaftung der Art. 224 in einer oben skizzierten konkretisierten Form zur Verfügung stehen. Eine gemeinschaftskonforme einseitige Reaktion bei plötzlichem Anschwellen von Flüchtlingsströmen dürfte dann möglich werden. Damit kann ein Staat aber auch der Anwendung des effektiveren Mehrheitsprinzips zustimmen.

Die Harmonisierung von Straftatbeständen insbesondere in der Drogenpolitik und von Vorschriften über die Zuständigkeit von Strafgerichten ist vernünftigerweise eine unabdingbare Voraussetzung für die Öffnung von Grenzen. Hier sollten also keine Gemeinschaftskompetenzen zur Öffnung von Grenzen akzeptiert werden, wie sie die Kommission jetzt über Art. 100 versucht[41], wenn nicht vorher diese Probleme entweder gelöst sind oder wenn innerstaatlich auf breiter Front akzeptiert ist, daß man mit der dadurch bedingten Ausweitung von Delinquenz leben will. Ansonsten entstünde nämlich national ein Druck auf die Regierung, aus der Gemeinschaftslösung auszuscheren, der dann durch eine entsprechende Schutzklausel im Gemeinschaftsrecht in jedem Fall wohl müßte aufgefangen werden. Besser wäre es jedoch, die richtige Reihenfolge von Har-

---

40 Eine Minderheit ist allerdings der Auffassung, daß dies eine vollständige Vergemeinschaftung auch der Einwanderungspolitik verlange.

41 Oben Rn. 18.

monisierung zuerst und Öffnung danach beizubehalten. Harmonisierungskompetenzen in diesen Bereichen müßten jedoch der Gemeinschaft durch Vertragsänderung erst zugesprochen werden.

Ein weiteres Problem im strafrechtlichen Bereich ist die noch bestehende Praxis, daß die Mitgliedstaaten zum Teil auch im Verhältnis zueinander die völkerrechtliche Praxis anwenden, eine Auslieferung von Straftäter wegen „politischer Straftaten" zu verweigern[42]. Angesichts der gemeinsamen menschenrechtlichen Standards in den Mitgliedstaaten einerseits und der Probleme der Bestimmung des „politischen Charakters" einer Straftat andererseits erscheint dies eine unnötige Erschwerung des Problems der vollständigen internen Grenzöffnung innerhalb der Gemeinschaft. Hier tritt dann die bereits früher aufgetretene Gefahr auf, daß sich Straftäter durch Grenzübertritt eine Straffreiheit oder jedenfalls -milderung verschaffen könnten. Deshalb wurde in der Reflexionsgruppe zu Recht erörtert, ob diese Möglichkeit nicht in Zukunft vertraglich ausgeschlossen werden sollte. In einem unionsweit freien Bewegungsraum ist eine solche Regelung ein Fremdkörper.

5.3 Klarere Abgrenzungen der Kompetenzen

Hier nennt die Kommission in ihrem Bericht an die Reflexionsgruppe mehrere Reibungspunkte, welche der Nachbesserung bedürften[43]:

- Nach Art. K.1 ist die Freizügigkeit in den Teilen Gegenstand der ZBJI, die nicht den Art. 48 ff. EGV unterfallen. Hier gibt es Abgrenzungsprobleme. In einem Richtlinienvorschlag hat die Kommission die Freizügigkeit von Schülern aus Drittstaaten als Problem des Art. 100 angesehen, während der Rat sie dann zum Gegenstand einer gemeinsamen Maßnahme nach Art. K.3 machte[44].
- Die Kompetenzbestimmungen nach Art. K.1 für die ZBJI und nach dem EGV für die Gemeinschaft sind nicht trennscharf, weil letztere Ziele nennen, für deren Erreichung die Gemeinschaft

42 Vgl. etwa den Streit zwischen Spanien und Belgien um die Behandlung baskischer Terroristen in Belgien, *FAZ* vom 7.2.1996, 5.

43 "Weichenstellungen für das 21. Jahrhundert" vom 10.5.1995, Ziff. 126 f., vgl. auch BullEU 5-1995, 100.

44 Beschluß Nr. 94/795/JI vom 30.11.1994, ABl.EU 1994 L 327.

Kompetenzen bekommt, während Art. K.1 eine Enumeration von Sachbereichen ist. Die Methoden der Kompetenzzuteilung sind also nicht kohärent.

- In der Visapolitik ist die Aufteilung zwischen ZBJI (Bedingungen der Visaerteilung) und EG (Negativliste der Staaten, deren Angehörige der Visumpflicht unterliegen) unsachgemäß.
- Wenn man der Lösung der vollständigen Vergemeinschaftung mit Einstimmigkeit bzw. mit Mehrheitsentscheidung den Vorzug geben würde, dann erledigen sich damit die genannten Probleme. Ansonsten wäre es in der Tat notwendig, Gemeinschaftskompetenzen und Kompetenzen der ZBJI genauer gegeneinander abzugrenzen, Zusammenhängendes nicht zu zerreißen. Das genannte Strukturproblem zwischen den Kompetenzzuweisungen bei der EG könnte wohl nur dadurch gelöst werden, daß man eine einheitliche Methode wählt. Eine Revisionskonferenz wäre das geeignete und kompetente Forum hierzu.

5.4 Engere und effektivere Zusammenarbeit in der ZBJI selbst

Die Reflexionsgruppe erwähnt in ihrem Abschlußbericht[45] die Bereiche der Zusammenarbeit von Polizei, Zoll und Strafgerichten, welche in jedem Falle nicht der Gemeinschaftszuständigkeit zugeordnet werden sollten. Hier bedarf es aber in jedem Falle einer erheblichen Effektivierung der zwischenstaatlichen Zusammenarbeit im Bereich der dritten Säule. Die Verbesserung soll verschiedene Gesichtspunkte betreffen:

- Vereinfachung der fünfstufigen Organstruktur der ZBJI: Rat, COREPER, K.4-Ausschuß der hohen Beamten, Lenkungsgruppen und Arbeitsgruppen[46]. Die letzten beiden Gruppierungen behandeln Fachfragen überlappend, was zu Reibungsverlusten führt K.4-Ausschuß und COREPER bemühen sich beide um die Findung von Kompromissen zwischen den Mitgliedstaaten - auch hier mit unnötigen Doppelaktivitäten. Eine Bereinigung in diesem Bereich ist bereits organisationssoziologisch ein Muß, um Reibungsverluste abzubauen und auch um Kosten zu sparen.

---

45 A.a.O., Fn. 32.

46 Dem stimmt auch die Reflexionsgruppe einmütig zu.

- Wenn ein Abkommen zwischen den Mitgliedstaaten einmal erzielt wurde, dann soll sein Inkrafttreten sich nicht lange Jahre hinzögern. Vielmehr sollen den Mitgliedstaaten klare Fristen für die Einleitung gesetzt bekommen und ein Inkrafttreten bereits bei Ratifikation durch eine Mehrheit der Vertragspartner möglich sein. Diese Lösung soll die Not lindern welche bei den Abkommen von Schengen, Dublin und beim Abkommen über EUROPOL aufgetreten ist. Allerdings läßt sich durch eine Fristsetzung nicht mehr als ein Appell bewirken, denn ohne Ratifikation kann nach nationalem Recht in Verbindung mit Art. 46 der Wiener Vertragsrechtskonvention auch völkerrechtlich ein Inkrafttreten nicht herbeigeführt werden. Ein Inkrafttreten für nur einen Teil der Mitgliedstaaten wäre sachlich wegen der allseitigen Probleme unbefriedigend.

- Das Einstimmigkeitserfordernis soll über die Fälle des K.3 hinaus durch weitere Mehrheitsentscheidungen ersetzt werden und nur noch für sehr wichtige Entscheidungen fortbestehen. Hierbei sind allerdings die schon erörterten Probleme zu bedenken. Einstimmigkeit kann zur Blockade führen, welche in Bereichen der inneren Sicherheit gefährlich werden kann. Mehrheitsentscheidungen führen dazu, daß Staaten in den Bereichen überstimmt werden können, welche zur existentiellen Grundlage ihrer Staatlichkeit gehören, ohne daß die EU oder die intergouvernementale Zusammenarbeit der dritten Säule ihrerseits staatliche Qualitäten hätten. Hier bedarf es also - wie bereits gesagt - unbedingt einer Schutzklausel.

- Die Rechtsakte der ZBJI sollen denjenigen nach Art. 189 als echte Legislativakte ausgestaltet werden, um ihre Verbindlichkeit klar zu machen, andererseits aber der innerstaatlichen Annahme bedürfen. Dies wäre gegenüber einer Vergemeinschaftung eine halbherzige Lösung, denn Mehrheitsentscheidungen zusammen mit einem Ratifikationserfordernis bringen keine wesentlichen Gewinne an Verfahrenseffektivität. Ohne eine Revision der Rechtsformen der Normsetzung auch der ZBJI wäre die Mehrheitsentscheidung keine wesentliche Verbesserung, im Falle einer solchen Revision aber wäre der Unterschied zwischen der ersten und der dritten Säule nur noch terminologischer Natur.

- Bei ihrem Erlaß soll die Kommission grundsätzlich, also über die Regel des Art. K.3 Abs. 2 hinaus, Initiativrecht haben[47]. Wie bereits oben gesagt, kann dies nur dann akzeptabel sein, wenn in allen Fällen auch die Mitgliedstaaten ein paralleles Initiativrecht haben, was die Reflexionsgruppe mehrheitlich wohl auch vorsieht. Diese Lösung wäre aber ohnehin für die gesamte Rechtsetzung der Europäischen Gemeinschaften vorzugswürdig.

- Bei allen Rechtsakten der ZBJI soll das Parlament beteiligt werden. Das Parlament selbst fordert hier präzise Anhörungsrechte[48]. Es will sich auch mit den nationalen Parlamenten zur Gewährleistung einer effektiven gemeinsamen Kontrolle kurzschließen[49]. Zur Sicherung dieser Rechte fordert das EP eine interinstitutionelle Vereinbarung der beteiligten Körperschaften[50]. Auch will es über die Arbeiten des K.4-Ausschusses informiert werden.

So lange das Parlament keine echte Vertretung eines europäischen Staatsvolks als Gesetzgeber ist, bleibt jede Beteiligung, sei es Anhörung, sei es Veto, unterhalb des demokratischen Niveaus der Mitgliedstaaten. Allerdings ist das Parlament nach seiner Direktwahl wenigstens graduell legitimiert, für die Bürger wenigstens Kontrollfunktionen im Sinne eines Zwangs zur Öffentlichkeit und zur Begründung wahrzunehmen. Unter diesem Gesichtspunkt sind Forderungen nach Konsultation zu unterstützen, müssen aber gerade bei der Inneren Sicherheit mit berechtigten Geheimhaltungsbedürfnissen harmonisiert werden.
Eine Vetomöglichkeit des Parlaments (nach § 189 b EGV) in Bereichen der Inneren Sicherheit ist jedoch nur dann akzeptabel, wenn die Staaten in Fällen einer unverantwortlichen Blockade eine Ausweichmöglichkeit haben, was Art. 224 in der vorgeschlagenen modifizierten Form wohl ermöglicht. Allerdings kann man

---

47 Hierzu auch die Kommission (a.a.O. Fn. 4).

48 Entschließung A3-0436/93, ABl.EU 1994 C 44, 180.

49 Die Reflexionsgruppe bejaht eine eigenständige stärkere Einschaltung der nationalen Parlamente in die Kontrolle von Rechtsakten der dritten Säule, was aber die Komplexität der institutionellen und prozeduralen Voraussetzungen eher noch verstärken dürfte.

50 Entschließung A3-0215/93 vom 15.7.1993, ABl.EU 1993 C 255, 168; EuGRZ 1995, 323.

politisch wohl kaum erwarten, daß die Staaten dem Parlament bei der Revisionskonferenz mehr als ein Anhörungsrecht einräumen werden.

- Das europäische Parlament[51], der Gerichtshof[52] und die Kommission[53] fordern in ihren Stellungnahmen eine Ausdehnung der Jurisdiktion des Gerichtshofs auf den gesamten Titel VI sowie die Akte nach Art. K.2 Nr. 2 a und b, also gemeinsame Standpunkte und Stellungnahmen ausgedehnt werden, während bisher Art. L EUV seine Jurisdiktion in diesen Fragen auf das Spezialproblem der Zuweisung in Parallelabkommen nach Art. K.2 Abs. 2 lit. C 3 beschränkt. Grund ist die Harmonisierung der Auslegung des neugeschaffenen Rechts und die Gewährleistung gemeinschaftsweiter einheitlicher Anwendung. Die Kommission weist aber auch darauf hin, daß die Frage der Beteiligung des Gerichtshofs z.Zt. den Abschluß von neun Abkommen zwischen den Mitgliedstaaten blokkiert.

Das neuerdings immer konstanter vorgetragene Mißtrauen von Mitgliedstaaten[54] gegenüber einer obligatorischen Einschaltung des EuGH in die rechtlichen Verpflichtungen zwischen ihnen am Rande des EG-Rechts (das sich auch in Art. L EUV niederschlägt)[55] zeigt wohl ein Mißtrauen in die Fähigkeit zur richterlichen Selbstbeschränkung. Dies ist eine Konsequenz, welche man bei einer bestimmten Vorwertung aus der bisherigen Praxis des Gerichtshofs mit Bedauern oder Zustimmung ziehen kann. Es handelt sich aber um eine Politik, welche sich auch gegen die rechtlichen Garantien des Bürgers richtet. Regelungen der Inneren Sicherheit sind immer grundrechtssensitiv. Wenn sie ohne adäquaten und gleichmäßigen Rechtsschutz internationalisiert werden sollen, ist dies rechtsstaatlich höchst bedenklich. Die Rechtssicherheit, der Individualschutz, die Wahrung der gegenseitigen

---

51 A.a.O.

52 Vgl. BullEU 5-1995, 100; EuGRZ 22 (1995), 316.

53 A.a.O., Fn. 33.

54 insbesondere Großbritannien.

55 Vgl. auch die Diskussionen bei Parallelabkommen wie dem römischen Schuldrechtsabkommen und der EUROPOL-Konvention.

Rechte und Pflichten: all das kann nur befriedigend gewährleistet werden, wenn dem EuGH die Kontrollrechte im gleichen Umfang zugestanden werden wie im Kernbereich der ersten Säule der Union. Das Problem wäre ohnehin vom Tisch, wenn die gesamte ZBJI der ersten Säule zugeordnet würde.

- Die Vereinbarungen von Schengen und Dublin und sonstigen ZBJI-Übereinkommen der Mitgliedstaaten sollen nach dem Willen von EP[56] und Kommission[57] zu Übereinkommen nach Titel VI gemacht und damit in ihrer Rechtsbindung klargestellt werden. Die Reflexionsgruppe drückt sich hier eher vorsichtig aus. Auch dies wäre eine Minimallösung, die nicht abzulehnen ist, die aber letztlich in einer Übertragung der ZBJI in die EG selbst hinein aufgehen würde.

5.5 Leichtere Übertragung von Zuständigkeiten durch die passerelle nach K.9

Die Reflexionsgruppe äußert in ihrem Abschlußbericht vorsichtig, es könne „nützlich" sein, die „Brückenvorschrift" des Artikels K.9 EUV zu „erleichtern", also eine leichtere Vertragsänderung nach diesem Verfahren zu ermöglichen. Auch die Kommission[58] beklagt die Langwierigkeit des Ratifikationsverfahrens und den Zwang zur Einstimmigkeit. Vorgeschlagen wird deshalb eine Erleichterung des Abänderungsverfahrens durch Mehrheitsentscheidungen. Sie wird von einigen Mitgliedstaaten hierin unterstützt.[59]

K.9 in seiner jetzigen Form ist eine Vorschrift ohne wesentlichen Eigenwert. Sie hat eine besondere Hinweisfunktion auf die Möglichkeit jederzeitiger Integration in die Gemeinschaft, welche aber dann ohnehin obsolet würde, wenn die gesamte ZBJI bei der Revisionskonferenz in die erste Säule integriert würde. Dagegen ist eine Abschaffung des Ratifikationserfordernisses, also eine Vertragsänderung ohne Ratifikation kaum vor-

---

56 Fn. 36, 180.

57 Fn. 34, S. 82.

58 Fn. 34.

59 Österreich (Leitlinien zu den voraussichtlichen Themen der Regierungskonferenz 1996 vom Juni 1995).

stellbar. Zwar ist sie juristisch möglich - es gibt in Art. 95 EGKSV ein Beispiel, bei dem das Europäische Parlament die nationalen Parlamente ersetzt. Aber die Akzeptanz einer solchen Lösung ist angesichts der Bedeutung der Fragen der ZBJI für die innerstaatliche Politik schwer vorstellbar. Umgekehrt wäre eine Mehrheitsentscheidung mit Ratifikationserfordernis kein wesentlicher Effektivitätsgewinn, so daß auch unter diesem Gesichtspunkt eine Totalübenahme in die erste Säule als vernünftig anzusehen wäre.

5.6 Haushaltsfinanzierung

Die Kommission weist in ihrem Bericht[60] darauf hin, daß 1994 und 1995 Gelder für die Aktivitäten der ZBJI im Haushaltsplan vergeblich auf ihren Abruf warteten. Dies ist darauf zurückzuführen, daß sich bis heute die Mitgliedstaaten nicht grundsätzlich darüber einigen können, ob diese Politik über den Haushalt oder durch die Mitgliedstaaten direkt finanziert werden soll. Im September 1995 wurde zum ersten Male eine gemeinsame Maßnahme der Ausbildung, Information und Publikation aus dem Gemeinschaftshaushalt finanziert[61]. Die Kommission empfiehlt für die Zukunft generell eine Haushaltsfinanzierung.

Hier wird das bisherige Verhalten der Mitgliedstaaten aus dem Bestreben heraus verständlich, die ZBJI aus jeder Blockademöglichkeit durch das Haushaltsveto des Parlaments herauszuhalten (welche durch Art. 203 Abs. 8 EGV gegeben wäre). Die Eigenfinanzierung gewährleistet, daß das Sicherheitsinteresse der Staaten nicht zum Pfand für die Durchsetzung eines Parlamentsinteresses in einem ganz anderen Bereich genommen werden kann. Eine Übernahme der ZBJI in die normale Tätigkeit der EG würde dieses Risiko in der Tat verstärken. Aber dies wäre nicht unausweichlich.

Zum einen gibt es auch heute schon Bereiche der Gemeinschaftstätigkeiten, welche nicht in den Gesamthaushalt der Europäischen Gemeinschaften eingeordnet werden wie etwa die operativen Ausgaben der EGKS. Wollte man aber eine solche Sonderbehandlung aus grundsätzlichen Bedenken heraus nicht neu eröffnen, dann müßte man wohl auch zugeben,

---

60 Fn. 4.

61 ABl. EU 1995, L 238, 1, 2.

daß die Annahme der Möglichkeit einer verantwortungslos gegen die innere Sicherheit gerichteten Haltung des Parlaments wegen der Durchsetzung eines ganz anders gelagerten Interesses wenig realistisch ist. Allerdings haben es die Mitgliedstaaten in der Hand, jeglichen Druck durch eine Sonderregelung hinsichtlich einer gesonderten Umlage-Finanzierung (z.B. für Europol) auszuschalten.

6. Ausblick

Gerade in den Bereichen der internationalen Kriminalität und des Drogenhandels zeigt sich, daß die rasante Entwicklung ihrer Organisationen schnelles und entschlossenes Handeln notwendig macht. Vorsichtiges Zuwarten, Nachdenken und Ausprobieren könnte dazu beitragen, daß jedenfalls der optimale Zeitpunkt einer gemeinschaftlichen Aktion verpaßt wird. Die Geschichte des organisierten Verbrechens in Italien zeigt, daß dieses wie eine Krake mit ihren Polypen-Armen in Staat und Gesellschaft eindringt, wenn nicht von Anfang an klar und deutlich gemacht wird, auf welcher Seite die Macht existiert, wer also letztlich die Oberhand behalten wird und in wessen Sold eine verläßlichere und befriedigendere Lebensplanung möglich ist.

Wenn hier einmal das Pendel zugunsten der Kriminalität ausgeschwungen ist, ist eine Beseitigung dieser Krakenarme nur noch mit viel mehr Einsatz und auch Opfermut bei durchaus unsicherem Ausgang notwendig. Also ist dies kein Feld für lange Denkpausen, sondern für entschlossene Schritte, welche glaubwürdige Signale nach beiden Seiten geben: dem sicherheitsbewußten Bürger und den Kriminellen, welche die Hoheitsgewalt auf eine Probe stellen wollen. Die ZBJI, wie sie bisher existiert, mag dem sprichwörtlichen Glase Wasser gleichen: Es ist halb voll, wenn man sich daran macht, es jetzt endlich weiter zu füllen.

Dabei sollte man allerdings von den Staaten keine idealistisch motivierte Europäisierung erwarten. Die Aufrechterhaltung des Vertrauens der Bürger in das öffentliche Gewaltmonopol bedarf der leidenschaftslosen Evaluierung der Optionen darauf hin, ob der Bürger durch eine Maßnahme eher verunsichert oder in seinem Vertrauen auf den Staat und die Europäische Union gestärkt wird. Der Staat muß zum gegenwärtigen Zeitpunkt sicherstellen, daß er in seiner letztendlichen nationalen Verantwortung für die Innere Sicherheit nicht durch Bindungen behindert wird, welche ohne ausreichende Vorsicht und Voraussicht eingegangen wurden. Denn dann wird diese Situation zum Sprengsatz für die Union. Ein Staat, der sich zu seiner Sicherheit über Gemeinschaftsrecht hinwegsetzen muß, schwächt die Union entscheidend.

Der Binnenmarkt müßte dann jedenfalls ein Stück "rückabgewickelt" werden, durch Grenzkontrollen und Binnenkontrollen ausländischer Waren und Personen. Die Freiheiten des Gemeinsamen Marktes würden abnehmen. Wie dies sich auf die Existenz der europäischen Integration auswirkte, welche ja nicht nur wirtschaftlichen Interessen, sondern ganz dominant auch der Friedenssicherung zwischen ihren Mitgliedstaaten dient, darüber darf spekuliert werden.

Die Aussichten der Regierungskonferenz, welche im Jahre 1997 in Amsterdam abgeschlossen werden soll, sind gleichwohl nicht rosig. Man muß ausgehen davon, daß sich jedenfalls Großbritannien und Dänemark jeder Form von Vergemeinschaftung verweigern. Sie verlangen eine pragmatische Verbesserung des gegenwärtigen Systems, was jedoch unter Erbfehlern in Gestalt von Schwerfälligkeit und mangelnder Harmonisierung leidet.

Eine Vertragsänderung bedarf aber der Zustimmung aller Mitgliedstaaten[62]. Wenn sich auch nur ein Staat verweigert, dann kann die jedenfalls in einigen Bereichen notwendige und auch sachlich bessere Übertragung von Kompetenzen auf die Gemeinschaften nicht stattfinden. Es ist auch nicht ersichtlich, daß es gelingen könnte, die Zustimmung dieser Staaten in einem Verhandlungspaket durch andere Zugeständnisse zu erkaufen. Wirtschaftliche Nachteile hätten sie auch nicht zu befürchten, weil der Gemeinsame Markt in seinem jetzigen Bestand dadurch keine Änderung erfährt.

Allerdings gibt es eine Möglichkeit, den Gedanken der „variablen Geometrie“, also eines sicherheitspolitisch enger integrierten Kern-Europas, im Bereich der dritten Säule zu verwirklichen, ohne daß dies der Zu-

---

62 Art. N EUV.

stimmung aller Staaten bedürfte[63]. Denn Art. K.7 EUV sieht bereits eine engere Zusammenarbeit dieser Art vor, wenn sie die ZBJI zwischen allen Mitgliedern nicht behindert oder ihr zuwiderläuft. Die Mitgliedstaaten im geographischen Kernbereich des Kontinents könnten also das von ihnen als richtig erkannte tun, ohne auf Staaten mit anderer Auffassung warten zu müssen. Jedenfalls im Bereich der Einwanderungs- und Asylpolitik ist hier eine mehrheitliche Übereinstimmung für die Vergemeinschaftung sichtbar. Man sollte aber bedenken, daß lediglich teilweise Vergemeinschaftungen Überschneidungsgefahren bei den Aktivitäten von Union und Mitgliedern mit sich bringen, wie sie auch gegenwärtig aktuell sind.

Das gleiche Ergebnis wäre im Rahmen einer allseitigen Vertragsänderung zu erreichen, wenn man eine gemeinsame Regelung schüfe, einzelnen Mitgliedstaaten jedoch die Möglichkeit zu einem „opting out" gewährte. Dann könnte man auch ähnlich wie im Bereich der Sozialpolitik nach dem Vertrag von Maastricht die Institutionen der Union für die gemeinsamen Zwecke nutzen. Eine solche bedingte Vergemeinschaftung könnte im Hinblick auf die abseits stehenden Mitglieder auch der Erprobung und Vertrauensbildung dienen. Mit dem steigenden Druck von Kriminalität und Migration könnte dann entsprechend diesem eher skeptischen Ansatz der Zeitpunkt kommen, an dem alle Mitgliedstaaten die volle Integration bejahten, selbstverständlich im Rahmen des Subsidiaritätsprinzips.

Bei nüchterner Evaluierung der sachlichen Zwänge müßten jedoch eigentlich die Mitgliedstaaten bereits heute darauf kommen, daß eine Vergemeinschaftung der ZBJI unter Beibehaltung der Einstimmigkeit in den wichtigen Fragen und mit möglicherweise gesonderter Finanzierung dem jetzigen inkohärenten und ungeeigneten Sonder-Regime der dritten Säule vorzuziehen ist, wenn für Notfälle rasches und effektives einseitiges Handeln auf der Basis der kontrollierten Ausnahmekompetenz eines modifizierten Art. 224 EGV möglich wäre. Es wäre zu bedauern, wenn die Mitgliedstaaten ein weiteres Mal die Chance vertun würden, die Innere Sicherheit mit dem Prinzip des "Raums ohne Grenzen" wirklich zu versöhnen. Jeder einzelne rechtstreue Bürger müßte hierfür einen hohen Preis bezahlen.

---

63 Ansonsten wäre die „variable Geometrie" eine Vertragsänderung, welche nach Art. N EUV der Zustimmung aller Mitgliedstaaten bedürfte.

Kurzbiographien der Autoren

Dr. Helmut Bäumler
geboren 1948 in Bayern,
Landesbeauftragter für den Datenschutz in Schleswig-Holstein.

Frieder Birzele
geboren 1940 in Göppingen,
bis 1996 Innenminister des Landes Baden-Württemberg.

Erwin Hetger
geboren 1944 in Hambuch/ Rheinland-Pfalz,
Landespolizeipräsident des Landes Baden-Württemberg.

Prof. Dr. Hans-Heiner Kühne
geboren 1943 in Nikolaiken/ Ostpreußen,
Lehrstuhl für Strafrecht, Strafprozeßrecht und Kriminologie an der rechtwissenschaftlichen Fakultät der Universität Trier.

Prof. Dr. Werner Meng
geboren 1948,
Professor für Öffentliches Recht an der Martin Luther Universität Halle - Wittenberg.

Prof. Dr. Kurt Schelter
geboren 1946 in Schwarzenhammer/ Bayern,
Staatssekretär im Bundesministerium des Innern,
Honorarprofessor an der Universität München.

Prof. Dr. Edzard Schmidt-Jortzig
geboren 1941 in Berlin,
Bundesminister der Justiz.

Volkmar Theobald
geboren 1957 in Rhaunen (Hunsrück),
Assessor jur., Studienreferent für Innenpolitik an der Bundesakademie für Sicherheitspolitik, Bonn.

Dr. Jan Vaculik
geboren 1948,
Direktor der Zentrale der tschechischen Kriminalpolizei.

Hermann Ziegenaus
geboren 1939 in München,
Präsident des Bayerischen Landeskriminalamtes.